近代经济生活系列

人口史话

A Brief History of Population in China

姜 涛 / 著

社会科学文献出版社
SOCIAL SCIENCES ACADEMIC PRESS (CHINA)

图书在版编目（CIP）数据

人口史话/姜涛著. —北京：社会科学文献出版社，2011.12
（中国史话）
ISBN 978 - 7 - 5097 - 2677 - 8

Ⅰ.①人… Ⅱ.①姜… Ⅲ.①人口 - 历史 - 中国 - 近现代 - 通俗读物 Ⅳ.①C924.2 - 49

中国版本图书馆 CIP 数据核字（2011）第 175854 号

"十二五"国家重点出版规划项目

中国史话·近代经济生活系列

人口史话

著　　者／姜　涛

出 版 人／谢寿光
出 版 者／社会科学文献出版社
地　　址／北京市西城区北三环中路甲29号院3号楼华龙大厦
邮政编码／100029

责任部门／人文科学图书事业部　（010）59367215
电子信箱／renwen@ssap.cn
责任编辑／陈旭泽　宋荣欣
责任校对／戴　赟
责任印制／岳　阳
总 经 销／社会科学文献出版社发行部
　　　　　（010）59367081　59367089
读者服务／读者服务中心（010）59367028

印　　装／北京画中画印刷有限公司
开　　本／889mm×1194mm　1/32　印张／5.875
版　　次／2011年12月第1版　字数／114千字
印　　次／2011年12月第1次印刷
书　　号／ISBN 978 - 7 - 5097 - 2677 - 8
定　　价／15.00元

本书如有破损、缺页、装订错误，请与本社读者服务中心联系更换
版权所有　翻印必究

《中国史话》编辑委员会

主　　任　陈奎元

副主任　武　寅

委　　员　(以姓氏笔画为序)
　　　　　卜宪群　王　巍　刘庆柱
　　　　　步　平　张顺洪　张海鹏
　　　　　陈祖武　陈高华　林甘泉
　　　　　耿云志　廖学盛

总　序

中国是一个有着悠久文化历史的古老国度,从传说中的三皇五帝到中华人民共和国的建立,生活在这片土地上的人们从来都没有停止过探寻、创造的脚步。长沙马王堆出土的轻若烟雾、薄如蝉翼的素纱衣向世人昭示着古人在丝绸纺织、制作方面所达到的高度;敦煌莫高窟近五百个洞窟中的两千多尊彩塑雕像和大量的彩绘壁画又向世人显示了古人在雕塑和绘画方面所取得的成绩;还有青铜器、唐三彩、园林建筑、宫殿建筑,以及书法、诗歌、茶道、中医等物质与非物质文化遗产,它们无不向世人展示了中华五千年文化的灿烂与辉煌,展示了中国这一古老国度的魅力与绚烂。这是一份宝贵的遗产,值得我们每一位炎黄子孙珍视。

历史不会永远眷顾任何一个民族或一个国家,当世界进入近代之时,曾经一千多年雄踞世界发展高峰的古老中国,从巅峰跌落。1840年鸦片战争的炮声打破了清帝国"天朝上国"的迷梦,从此中国沦为被列强宰割的羔羊。一个个不平等条约的签订,不仅使中国大量的白银外流，更使中国的领土一步步被列强侵占，国库亏空，民不聊生。东方古国曾经拥有的辉煌，也随着西方列强坚船利炮的轰击而烟消云散，中国一步步堕入了半殖民地的深渊。不甘屈服的中国人民也由此开始了救国救民、富国图强的抗争之路。从洋务运动到维新变法，从太平天国到辛亥革命，从五四运动到中国共产党领导的新民主主义革命，中国人民屡败屡战，终于认识到了"只有社会主义才能救中国，只有社会主义才能发展中国"这一道理。中国共产党领导中国人民推倒三座大山，建立了新中国，从此饱受屈辱与蹂躏的中国人民站起来了。古老的中国焕发出新的生机与活力，摆脱了任人宰割与欺侮的历史，屹立于世界民族之林。每一位中华儿女应当了解中华民族数千年的文明史，也应当牢记鸦片战争以来一百多年民族屈辱的历史。

当我们步入全球化大潮的21世纪，信息技术革命迅猛发展，地区之间的交流壁垒被互联网之类的新兴交流工具所打破，世界的多元性展示在世人面前。世界上任何一个区域都不可避免地存在着两种以上文化的交汇与碰撞，但不可否认的是，近些年来，随着市场经济的大潮，西方文化扑面而来，有些人唯西方为时尚，把民族的传统丢在一边。大批年轻人甚至比西方人还热衷于圣诞节、情人节与洋快餐，对我国各民族的重大节日以及中国历史的基本知识却茫然无知，这是中华民族实现复兴大业中的重大忧患。

中国之所以为中国，中华民族之所以历数千年而不分离，根基就在于五千年来一脉相传的中华文明。如果丢弃了千百年来一脉相承的文化，任凭外来文化随意浸染，很难设想13亿中国人到哪里去寻找民族向心力和凝聚力。在推进社会主义现代化、实现民族复兴的伟大事业中，大力弘扬优秀的中华民族文化和民族精神，弘扬中华文化的爱国主义传统和民族自尊意识，在建设中国特色社会主义的进程中，构建具有中国特色的文化价值体系，光大中华民族的优秀传统文化是一件任重而道远的事业。

当前，我国进入了经济体制深刻变革、社会结构深刻变动、利益格局深刻调整、思想观念深刻变化的新的历史时期。面对新的历史任务和来自各方的新挑战，全党和全国人民都需要学习和把握社会主义核心价值体系，进一步形成全社会共同的理想信念和道德规范，打牢全党全国各族人民团结奋斗的思想道德基础，形成全民族奋发向上的精神力量，这是我们建设社会主义和谐社会的思想保证。中国社会科学院作为国家社会科学研究的机构，有责任为此作出贡献。我们在编写出版《中华文明史话》与《百年中国史话》的基础上，组织院内外各研究领域的专家，融合近年来的最新研究，编辑出版大型历史知识系列丛书——《中国史话》，其目的就在于为广大人民群众尤其是青少年提供一套较为完整、准确地介绍中国历史和传统文化的普及类系列丛书，从而使生活在信息时代的人们尤其是青少年能够了解自己祖先的历史，在东西南北文化的交流中由知己到知彼，善于取人之长补己之短，在中国与世界各国愈来愈深的文化交融中，保持自己的本色与特色，将中华民族自强不息、厚德载物的精神永远发扬下去。

《中国史话》系列丛书首批计200种，每种10万字左右，主要从政治、经济、文化、军事、哲学、艺术、科技、饮食、服饰、交通、建筑等各个方面介绍了从古至今数千年来中华文明发展和变迁的历史。这些历史不仅展现了中华五千年文化的辉煌，展现了先民的智慧与创造精神，而且展现了中国人民的不屈与抗争精神。我们衷心地希望这套普及历史知识的丛书对广大人民群众进一步了解中华民族的优秀文化传统，增强民族自尊心和自豪感发挥应有的作用，鼓舞广大人民群众特别是新一代的劳动者和建设者在建设中国特色社会主义的道路上不断阔步前进，为我们祖国美好的未来贡献更大的力量。

陈奎元

2011年4月

⊙姜 涛

作者小传

姜涛，江苏省滨海县人，1949年7月生。1981年南京大学历史系研究生毕业，获历史学硕士学位；1989年中国社会科学院研究生院近代史系博士研究生毕业，获历史学博士学位。同年到近代史研究所工作。先后任助理研究员、副研究员、研究员等职。现任所学术委员会委员，兼任中国太平天国史学会副会长、中国国家清史编纂委员会委员等。专业研究方向为中国近代政治史、中国近代人口史。主要著作有《中国近代人口史》、《人口与历史》、《中国近代通史》（第二卷）等。

目 录

一 千古人口之谜 ············· 1
1. 天下有三众 ················ 1
2. 一笔"糊涂账" ··············· 5
3. 揭开历史的面纱 ············· 9

二 一个新周期的开始
　　——清代初叶人口 ········· 12
1. "小冰期"降临之后 ··········· 12
2. 新秩序下的人口增长 ········· 15
3. 名不副实的"人丁"统计 ······· 19

三 在"人满"的阴影下
　　——清代中叶人口 ········· 28
1. 乾嘉道三朝的民数统计 ······· 28
2. 夭折了的人口普查 ··········· 31
3. 严保甲,废编审 ············· 35
4. 全面清查冒出了四千万人口 ··· 39
5. 补洞堵漏,专倚保甲 ········· 43
6. 生之者寡,食之者众 ········· 46

1

四 闯关东，走西口
——北方人口迁移概观 ······ 53
1. 黄河儿女之怨 ······ 53
2. 偷渡闯关，移民东北 ······ 58
3. 春去秋归，雁行塞北 ······ 62
4. 辟土西域，屯垦新疆 ······ 65

五 填四川，下南洋
——南方人口迁移概观 ······ 71
1. 江南独为财赋之地 ······ 71
2. 湖广填四川 ······ 75
3. 大西南的进一步开发 ······ 79
4. 流民揽入封禁山 ······ 83
5. 台湾及南洋的闽粤客 ······ 87

六 浩劫之后
——清代末叶人口 ······ 93
1. 虚应故事的户部《民数册》 ······ 93
2. 兵燹天灾下的人口剧变 ······ 96
3. 太平天国战后的人口迁移 ······ 102
4. 王朝之末的人口复苏 ······ 107

七 动荡的过渡时期
——民国时期人口 ······ 112
1. 形形色色的人口统计与估计 ······ 112
2. 民国初年的人口迁移 ······ 118
3. 日本侵华战争期间的人口流迁 ······ 124
4. 革命根据地与解放区的人口发展 ······ 129

八 人口结构种种 ············ 132
1. 十五从军征，六十应得归 ········ 132
2. 妇，与夫齐者也 ············ 136
3. 田大半归富户，民大半皆耕丁 ····· 141
4. 三民居一，而五归农 ·········· 146

九 人口与历史 ············· 154
1. 近代人口发展类型探析 ········· 154
2. 人口解释历史与历史地解释人口 ···· 158
3. 只有一个地球 ············· 162

参考书目 ················ 163

一　千古人口之谜

螽斯羽，诜诜兮，

宜尔子孙振振兮！

螽斯羽，薨薨兮，

宜尔子孙绳绳兮！

螽斯羽，揖揖兮，

宜尔子孙蛰蛰兮！

——《诗·周南·螽斯》①

1　天下有三众

人类在这个星球上的生息繁衍，似乎太急促了。人们刚刚送走"世界50亿人口日"（1987），又迎来了"亚洲30亿人口日"（1988）。而作为全球第一人口大

---

① 《螽斯》，为周代诗歌总集《诗经》中的一篇。螽（zhōng，音终），一种类似蝗虫的昆虫。斯，助词，作"之"、"的"讲。诜诜（shēn，音申）、薨薨（hōng，音轰）、揖揖（jí，音辑），均指螽会聚时发出的声响；振振、绳绳（mǐn，音敏）、蛰蛰，均形容其群体盛大且绵延不绝。本篇以螽之多而成群，祝人子孙众多。

国的中国，早在1981年就已突破10亿人口大关，1989年4月度过"中国11亿人口日"，1995年2月又度过"中国12亿人口日"[①]。现实人口问题的紧迫性，几乎已是家喻户晓。

任何事物都有一个发展的过程。中国今日的10多亿人口，也是历史地形成的。它有着自己的昨天和前天。本书所着重向读者介绍的，是中国人口的昨天，也就是它在近代的历史发展。但是，为了更好地把握中国人口发展的历史脉络，我们还是首先把目光投向它的前天——

中国是一个历史悠久的文明大国，自古就拥有众多的人口。据晋代人皇甫谧（215～282）所著《帝王世纪》载，早在4000余年前的夏禹时代，中国人口即达13553923人。应该说，这一精确到个位的记载本身并不可靠。因为当时中国刚刚进入文明时代，能否对这样规模的人口进行全面深入的普查是大有疑问的。但考古发现证实，100万年以来，在中国辽阔的土地上，始终有人类生息繁衍。生活在数十万年前的直立人（Homo Erectus）在中国分布很广。其中最为我们熟知的，就是在北京西南郊周口店发现的北京人。生活在数万年前的较为进步的人类，如山顶洞人，已具有相当明显的黄种人特征，从而表明了他们与今天生活

[①] 据国家统计局2011年4月28日发布的第六次全国人口普查公报，截至2010年11月1日零时，普查登记的大陆31个省、自治区、直辖市和现役军人的人口共1339724852人。与2000年第五次人口普查相比，10年增加7390万人。

在这片土地上的人们的亲缘关系。人类约在一万年前进入新石器时代。自那时起,种植经济逐渐成为人们生活的主要来源。在中国这片土地上生活的人口更加兴旺了。考古发现的事实是最为雄辩的:经历了100多万年的旧石器时代的原始人类遗址,迄今只发现60余处;而只经历了数千年的新石器时代的中国先民遗址,目前已发现的即多达6000余处。

中国约在公元前22世纪开始进入自己的文明时代,建立了有史以来的第一个王朝——夏。以后又迭经商、周等王朝的更替,至迟在东周的春秋战国时代,已逐步确立了男耕女织的小农经济。生活在战国时期的孟子(约公元前372~前289)说过:给每家5亩地的住宅,四周种植桑树,50岁的人就都可以穿丝绵袄了;饲养鸡狗猪等家畜,要不失时机,70岁的人就都可以吃肉了;给每家100亩土地,不要错过农时,8口人的家庭就不会挨饿了。他所描绘的,就是一幅理想化的小农经济生活画面。小农经济以一家一户为单位,直接与自然界打交道,具有相当顽强的生命力。然而我们从孟子的叙述中不难发现:小农经济所能经营的土地规模是极小的。周代的百亩仅合今天的28亩多一些。若换成公制来表示,则1平方公里的土地就需50多农户来维持。由此可见,相比若干民族的游牧经济与西欧粗放的农牧经济,中国的集约化的小农经济在同样面积的土地上必须投入更多的劳动力。但是反过来看,既然百亩之田就可以保证一个八口之家"无饥",中国的小农经济显然比其他经济能够供养多得多的人口。因此，从总体上看，中国的小农经济是一种需要大量劳动力来维持，同时又能够供养众多人口的经济活动方式。春秋战国时期，各诸侯国出于争夺霸权的需要，强制早婚，鼓励生育，既是以小农经济的存在为前提，又使小农经济本身得到进一步的强化。而中国，从此便以自己的众多人口著称于世了。据记载，战国时期各大国的兵车均以"万乘"计，一次战役所投入的总兵力往往可达百万人。史书形容当时齐国都城临淄（zī,音资）街上行人之多，说是车轮相碰，人肩相摩，衣襟连接起来可成帷幕，挥洒汗水像是在下雨。

中国历史上有记载的最早的户口统计工作，是周宣王三十九年（公元前789），周王朝在太原地区（今甘肃东部）"料民"（料：计点，清查）。当时周宣王在江汉之间被姜氏之戎打败，便在太原进行人口清查以补充兵员。这只是一个很小范围的人口清查，但还是遭到了臣僚仲山父等人的反对，理由是："无故而料民，天之所恶也，害于政，而妨于后嗣。"可见实行人口清查确实不容易。因此，前面所举的夏禹时代的人口数字，其实只是表达了后人，也即汉晋时代人们的一种估计或认识。而这种估计或认识，无非是说中国早在夏禹时代就已经拥有了众多的人口。现存最早的较完整也较可靠的人口统计数据，是《汉书·地理志》所载，西汉平帝元始二年（公元2）全国共有12233062户，59594978口。西汉的疆域与今天并不一致，但它的人口繁华地区始终没有超出今天的国界。考虑到《汉书·地理志》的统计也会有若干缺失，因此完全可以肯定地说，当时的中国人口不少于0.6亿。一般估计，公元元年前后全球总人口在2.5亿~3亿。那么，当时中国人口就已占到世界总人口的1/5~1/4了。

　　随着中外交通的发达，中国的众多人口也常给外人留下深刻的印象。公元3世纪，正值中国三国鼎立之时，吴国有一位名叫康泰的人游历了南海诸国。他写下了一部《外国志》，内中说："外国称：天下有三众：中国为人众，大秦为宝众，月氏为马众。"三国之时，中国国内遭逢东汉末年以来的连年战乱，人口已经有了大幅度的下降，可它还是以自己的众多人口，与罗马帝国的众多财宝、西域国家的众多马匹并称于世。此后，东晋、隋唐时代的佛经，以及唐宋时代到中国通商的阿拉伯人的记载，也都提到中国人口之众。元代后期游历中国的意大利人鄂多立克（Odoric，1265~1331）说：中国人口之多，令人难以想象。中国城市的平常人口，也比威尔士大庙会时的人口为多。明代末年来中国传教的葡萄牙人鲁德照（Alvare de Semedo，1585~1658）也说：中国的人口实在太多。我在此生活20多年了。但每次外出总要重新慨叹中国人口之众。在城市，可说是肩肩相摩，使人无法前进；即使在农村，路上行人的猬集，也可以与欧洲庙会时的情形相比。他们都以亲身感受到的人口密度的对比，来竭力说明中国人口的众多。

2　一笔"糊涂账"

　　然而，使人们感到困惑不解的是，中国的人口在西汉以后的一千数百年间，似乎始终没有增长。表1-1所列的历代户口的部分统计表明：在西汉平帝元始二年以后，仅东汉后期、唐中期、南宋与金对峙时期及元明两代的人口接近或略超过西汉盛年人口。北宋后期户数大大超过西汉，也是中国历代户数统计中最高的，但口数却远低于西汉，以至平均每户仅2.24口，使人无法置信。明王朝历时276年，其稳定期之长超过以往历代。但神宗万历三十年（1602）的户口统计数不仅低于明初太祖洪武十四年（1381）的统计，甚至还低于一千六百年前的西汉户口。人们不禁要问：上述历代的户口统计，究竟是反映了某种历史的真实，还是根本不可置信的一笔糊涂账？

表1-1 中国历代户口统计

时 期	公元（年）	户数	口数	户均人口
西汉 元始二年	2	12233062	59594978	4.87
东汉 建武中元二年	57	4279634	21007820	4.91
东汉 永寿三年	157	10677960	56486856	5.29
西晋 太康元年	280	2459840	16163863	6.57
隋 大业五年	609	8907546	46019956	5.17
唐 武德年间	618~626	2000000	—	—
唐 天宝十四年	755	8914709	52919309	5.94
乾元三年	760	1933174	16990386	8.79
宋 大观四年	1110	20882258	46734784	2.24
宋金合计 绍熙元年 明昌元年	1190	19294800	73948158	—
元 至元二十八年	1291	13430322	59848964	4.46
明 洪武十四年	1381	10654362	59873305	5.62
万历三十年	1602	10030241	56305050	5.61

资料来源：据梁方仲《中国历代户口、田地、田赋统计》（1980）之甲表1摘编。

我们当然不赞成"全盘否定"的过于简单化的做法，因为这样做不利于问题的真正解决。历代王朝既然能够成功地统计中国的众多人口，它们也必然有着自己行之有效的人口管理与调查统计的制度。然而要真正弄清楚那些扑朔迷离的人口统计资料，人们还得付出十分艰辛的劳动。已故梁方仲教授就做了这方面的工作。他在认真分析比较了中国和世界其他国家的人口调查制度后，指出：我国自秦汉以来，即已建立起全国规模的人口调查制度。《史记》、《汉书》中保留有相当丰富的局部登记的记录。全国性的记录，则以《汉书·地理志》所载平帝元始二年的记载最为全面详细。是年不仅有全国的民户和民口数，而且列有各州、郡及若干县份的户口数字。其中有些县份，可能还是周末或汉初的原始记录。《汉书·西域传》中，甚至对当时西域诸国的户口数和"胜兵者"（会使用兵器的战士）人数，都有详细的记载。东汉以后，中国迭经天灾兵燹（xiǎn，音险），人口变动很大。但历代王朝只要有足够的条件，一般总要进行全国性的调查。隋唐还有"貌阅"或"团貌"，规定地方官吏每年检阅人丁的形貌。明代初年更进行过全国性的普遍人口调查。为人口调查而颁行的户帖，登记项目相当完备，连英、美学者在看到户帖的样本后，也不得不承认是世界上"最早试行全面的人口普查的历史证据"。至于一向被不少学人评价很高的罗马的人口调查制度"census"（有译作"国势清查"或"国势调查"的），其实既非全民登记，更非全国登记，只能说是一种局部人口的登记。而历史上古代中国的人口调查制度,"毫无疑问是资本主义时代以前世界各国中最先进的,甚至在某些方面的规定比之资本主义国家更完备严密得多"。

但是,指出古代中国人口调查制度的先进性,并不等于说,历代的那些统计数字都可以不加考辨地直接引用。毫无疑问,中国历代王朝的户口登记或调查,都是为统治政权服务,首先是为税收的需要服务的。因此,有登记必有反登记,即所谓"上有政策,下有对策"。纳税者逃避登记的方式可以说是五花八门。历史上所记载的人口记录,往往有相隔不多年便突然大量减少的现象。和平时期自不用说,是逃亡失记;即使在天灾兵燹之际,也并不都是自然人数的减少。剖析问题的关键,在于掌握历代赋税征收对象的演变。也正如梁方仲所指出的:汉代的口赋("算钱")是国家的主要收入,户赋则指定为列侯、封君的收入。因而汉代的人口调查,是以口数和户数并列。及曹魏至唐,政府收入始以户调为主,所以户数的调查成为政府最关心的事,口数调查退居次要地位。北魏及唐,口数的记录多缺可为明证。自唐代中叶以后,作为户调制物质基础的均田制已渐趋废止。尤其是宋代以后,私有土地日益发达,土地分配日益不均。地籍的编制开始变得重要起来,户籍又逐渐退居次要地位。到了明代后期,地方政府关心的只是税册的整顿及其使用,户籍与地籍是否符合实际都可以满不在乎了。此时中央所能掌握的只是各地的纳税户口和纳税田地的数字,并不是全国的实际数字。

揭开历史的面纱

展现在我们面前的历代户口统计已不再是所谓"糊涂账",它们终于变得有规律可循了。而当人们力图依据史实,订正有关统计资料,重新建构中国历史人口发展的模式时,却几乎无一例外地发现:中国历史人口的发展,主要是秦汉以来人口的发展,表现为相当明显的周期波动性。这种人口发展的周期,大体对应于王朝的周期。人们发现:每当新旧王朝鼎革之际,几乎总要发生破坏性极强的社会大动乱。在战争、灾荒、瘟疫等因素的影响下(往往表现为诸种因素的共同作用),中国人口的数量可在极短的时间里降至最低值(谷值)。史书中于此经常出现"人相食,死者过半"、"天下户口减半"、"白骨蔽野,外绝居人"的记载。而当新王朝建立起来以后,首先总要经过或长或短的休养生息的恢复阶段。于是民间渐渐"人给家足",官府也"廪庾(lǐnyǔ,音凛语)尽满","府库馀财"。人口则开始进入为时极短的高速增长的阶段。随着总人口的增长,可供方便利用的自然资源急剧减少,各种社会矛盾冲突开始激化,人口增长的速率又渐渐放慢,于是又进入了持续时间相对来说要长得多的低速增长阶段。然而,由于人口基数已经变得很大,人口绝对数的增长还是相当可观的。这一阶段结束时的人口数量,通常也就是该王朝人口的最高值(峰值)。而在此之后便"盛极而衰",又因社会危机的爆发而进入急剧下降阶段，人口再次迅速跌落到谷值。再后，随着社会动乱的平定或新王朝的建立，人口恢复增长，从而进入一个新的发展周期。

人口史学家们估计：经过秦末的大动乱，汉初（公元前200年前后）人口可能只有1500万~1800万人。文帝、景帝时期人口的年增长率可高达10‰~13‰，到武帝初年（前134）达到3600万人，翻了一番。此时西汉国力最盛，人口却远未达到峰值。西汉后期人口年增长率降到6‰左右，但总人口还是由宣帝时（前67）的约4000万人增加到平帝时（公元2）的约6000万人。此后，经过西汉末年的大动乱，到东汉初年（公元25），人口又降至2500万人。直到东汉后期（180），才恢复到6000万人。三国初年（220），大约又仅有1500万人。再后，经过南北朝时期的人口变迁，唐代初年（620）的谷值大约为3000万人，安史之乱前夕（755）的峰值可达7500万人。北宋初年（960）的谷值大约不到4000万人，但后期（1110）的峰值可达1亿人。南宋与金对峙时期（1210），总人口可能已超过1.1亿。元初（1275），又降至6000万人左右。明初（1370）的人口有较可靠的统计，大约不少于6000万人，而到明代后期（1620），估计至少在1.6亿人。

我们在这里所描画的只是一个大致的轮廓。但从中仍可看出：中国人口是在周期性的波动中缓慢地增长的。由西汉后期（公元2）的6000万人增长到明代后期（1620）的16000万人，其间历经1600余年。平均年增长率仅为0.6‰。

中国古代人口的周期波动性发展,在世界人口史中极为典型突出。有人认为,世界其他地区人口的发展同样也有波动周期。然而,"波动"虽然依稀可寻,"周期"规律却无从探求。看来只有中国因为地域辽阔、人口众多,加之历史上统一的时期居多,乃至传统文化的积淀,从而独具条件孕育完备的人口周期。另外,我们也不可忘记:人口史学家们之所以能建构起接近实际的中国历史人口发展模式,得益于历代王朝(包括分裂时期)所着力撰修的官方史书及其他留传至今的文献资料,归根到底,还是得益于历代王朝的人口统计制度。而这一切,也是世界其他任何地区所难以企及的。世界上有些地区,直到今天仍没有确切的人口统计呢!

笼罩在中国历史人口问题上的面纱已渐次揭开了。我们正是在此基础上开始了对近代中国人口的考察。

二 一个新周期的开始
——清代初叶人口

> 明季,河北五省皆大饥,至屠人鬻肉,官弗能禁。
> ——(清)纪昀:《阅微草堂笔记》卷八

1 "小冰期"降临之后

我们不以1840年的鸦片战争作为近代人口的上限,而是将它提前到17世纪的明末清初。这是因为,人口运动有着自身的规律。17世纪中叶中国人口的急剧下降明确表示着明代人口周期的终结和一个新周期——清代人口周期的开始。

人口的下降始于17世纪20年代,而以40年代的下降幅度为最大。17世纪正是地球的寒冷时期,所以又被人们称作"小冰期"。在中国,寒冷的气候从1620年差不多一直延续到1720年。小冰期初起时,对中国的影响完全是灾难性的。尤其是北方,突然变得异常寒冷和干旱的气候，使农作物的生长期大约缩短了两个星期。旱魃（bá，音拔）与蝗灾交相肆虐，结果经常是赤地千里，颗粒无收。北方各省人民，尤其是广大贫苦农民，因饥馑而陷入了死亡的绝境。清人的笔记中说：明朝末年，黄河以北的五个省发生了大饥荒，草根树皮都吃光了，乃至以人为粮，杀人卖肉，官府无法制止。妇女和小孩被反绑着手卖到市上，称作"菜人"。屠者买去，就像宰割猪羊一样。

除了北方的饥馑外，兴起于白山黑水之间的满人也对明王朝的辽东地区造成了严重威胁。可是此时的明王朝早已度过了它的辉煌的鼎盛时期。腐败的吏治，不绝的党争，使得它无法应付日趋加剧的内忧外患。各级官府只知一味征敛，根本不顾百姓的死活。正赋之外，还有所谓"辽饷"、"剿饷"、"练饷"的"三饷加派"。幸存的饥民被迫铤而走险，纷纷加入反叛者的行列。造反的农民军与政府军之间的战争从17世纪20年代末一直持续到1644年明王朝覆灭。饥馑与战乱使得北方地区到处呈现凋敝的景象。据清朝初年的记载，直隶（今河北，含北京与天津）是"极目荒凉"，"百姓流亡十之六七"；山东是"地土荒芜，有一户之中止存一二人，十亩之田止种一二亩者"；河南则是"满目榛荒，人丁稀少"，"大江以北，积荒之地，无如河南最甚"……

1644年清军大举入关后，激起了各地的强烈反抗。明朝残余势力与农民军的反清斗争一直坚持到1661年。以少数民族而入主中原的清王朝对抵抗者采取了血腥的屠戮政策。1645年清军攻破扬州，10天杀死80万人，史称"扬州十日"。嘉定前后三次被屠城，死者2万余人，史称"嘉定三屠"。江阴城破后，近10万人死于非命，幸免于难者仅53人。其他重要城市，如松江、漳州、广州、南昌等都遭受到程度不等的破坏。南方的半壁山河也在清军的烧杀抢掠下支离残破了。史载，湖南、两广等地，"弥望千里，绝无人烟"；四川省直到康熙十年（1671）还是"有可耕之田，而无耕田之民"。

伴随着饥馑与战乱的，还有可怕的瘟疫。目击者的记叙表明：某种瘟疫曾于17世纪40年代初在中国各地广为流行，很多居民稠密区因而损失了半数以上的人口。这种瘟疫的确切性质还很难判定。有些研究者推测：可能是满人在其早期入侵时带进了某些微生物，而汉人尚未对此形成抗体，结果造成了灾难性的人口损失。

1661年南明的最后一个小朝廷败亡以后，清王朝的统治秩序逐渐安定，社会生产力有所恢复，人口也缓慢回升。然而为了隔绝东南沿海人民与郑成功等反清力量的联系，清朝当局在浙江、福建、广东等省实行海禁，并几次下令迁海，将沿海各省居民统统内迁五十里，"尽夷其地，空其人"，致使这些地区"老弱转死沟壑（hè，音贺），少壮流离四方"。在1673~1674年间，又有原已降清的明朝将领吴三桂、耿精忠、尚之信等起兵反清，史称"三藩之乱"。清政府耗费了极大的人力物力和八年的时间才将他们镇压下去。长江以南各地，尤其是西南的云南、贵州、广西、四川等省人民的生命财产又一次遭受严重损失。

可见，从1620年到1680年，也就是明末清初的60年间，是中国人口急剧下降然后缓慢恢复的时期。这一时期的人口损失极为惨烈。我们估计谷值的时点大约是在1650年前后。对于人口损失的严重程度，雍正帝（1678～1735，1723～1735年在位）曾有过概括的估计。他指出：在明末清初的变乱中，"中国民人死亡过半。即如四川之人，竟致靡有孑遗之叹。其偶有存者，则肢体不全，耳鼻残缺，此天下人所共知。康熙四五十年间，犹有目睹当时情形之父老垂涕泣而道之者"。言之凿凿，显然有所根据。我们估计，1650年前后的中国人口大约只有明代人口峰值的50%～60%，也就是在0.8～1.0亿之间。

2 新秩序下的人口增长

17世纪80年代，清政府先后平定"三藩"，统一台湾，稳定了对广大汉族人口居住地区的统治。接着，它又为巩固自己的边疆地区作出了巨大努力，不仅遏制了沙俄侵略势力，维护了自己的东北边疆，而且挫败了准噶尔部上层分子的分裂活动，巩固了对外蒙古以及西藏、青海地区的统治。18世纪50年代清政权消灭准噶尔部势力并平定回部叛乱，最终完成了对中国这一多民族的庞大帝国的统一。从这时起直到19世纪中叶，中国本土的陆地疆域"东极三姓所属库页岛，西极新疆疏勒至于葱岭,北极外兴安岭,南极广东琼州之崖山",面积大约有1300万平方公里。

在这广袤辽阔的疆域内,清廷设置了行省、将军辖区、办事大臣辖区等地方区划,以维护领土主权和维持对广大人民的统治。

行省(清代一般称为"直省",简称"省")及其下属的府、州、厅、县,是清王朝的基本政区形式。其中省、府、县又是最基本的三级。直属于布政使司的直隶州与直隶厅的地位与府差不多,而府属的散州与散厅又与县差不多。部分省,如甘肃、四川、云南、贵州、广西等的少数民族聚居地区,还有文武土司的设置。

在整个清代,省的建置与所辖政区范围变动不大。在19世纪80年代新疆、台湾建省之前,全国长期维持了18个直省的基本格局。这些直省是清代初年在明代政区的基础上加以分析和调整而形成的。明代的基本政区,除京师和南京(又称北直隶和南直隶)外,尚有山东、山西、河南、陕西、四川、湖广、浙江、江西、福建、广东、广西、贵州、云南等13个布政使司,简称两京十三省。清政权建立后,除北直隶仍称直隶(京师已仅指首都)外,南直隶于顺治二年改称江南省,并于康熙初年分为江苏、安徽两省;同时湖广也分为湖北、湖南两省;又从陕西省分析出甘肃省,共成18省之势。

上述18省以及东北的奉天地区(今辽宁省大部),合计面积440万平方公里,占当时全国总面积的1/3

强,是清代中国人口的主要分布区,而其中又以汉族人口占绝对多数。明末清初的灾荒与战乱使得各直省人口一度大为减少,但并没有改变各直省人口占全国绝对多数的基本态势。因此,把握了各直省人口的数量及其变动,实际上也就把握了全国人口及其变动的脉络。

在平定"三藩"和统一台湾以后,各直省长期享受相对安定的和平环境,为社会生产力的进一步发展和人口的迅速增殖创造了条件。像历代新王朝开始时一样,清政府也采取了一系列措施,招徕流亡,蠲免赋税,给人民以休养生息的机会。经过数十年的努力,终于大见成效。社会财富和人口的空前增长,使得清王朝进入了它的鼎盛时期,即所谓"康乾盛世"。

整个"康乾盛世",从17世纪80年代初平定"三藩之乱"起,到18世纪90年代乾隆帝退位,历经康熙、雍正、乾隆三朝,前后几乎达120年。不少人认为,"康乾盛世"的后半段,即乾隆朝的60年,是清代人口增长最迅速的时期。而最早得出这一结论的,正是乾隆帝(1711~1799,1735~1796年在位)本人。1793年,已入耄耋(màodié,音冒迭)之年的乾隆帝在一份"上谕"中说:"朕恭阅圣祖仁皇帝实录,康熙四十九年(1710)民数二千三百三十一万二千二百余名口,因查上年各省奏报民数共三万七百四十六万七千二百余名口,较之康熙年间计增十五倍有奇……"

虽然从统计数字本身来看,1792年的"民数"确是1710年"人丁户口"数的13.2倍(即增"十二倍有奇",而不是乾隆帝所说的"计增十五倍有奇"),但这只是将不同的统计对象用作比较而产生的一种假象。由于出自皇帝的"金口",清人当然不便加以辨析,后人也就以讹传讹了。其实清代人口增长最迅速的时期,是17世纪80年代到18世纪30年代,也就是康熙中叶到雍正年间。历史学家罗尔纲在《太平天国革命前的人口压迫问题》一文中对此曾有过分析。他指出,这一时期,是中国历史上少有的太平盛世,也是清代人口增长最快的时代。他举了三条理由:农村经济逐渐复兴;国内长期的安定环境;没有大的灾荒、疫疠。他写道:"这一个时期,又是一个年丰人乐的时期……所以祖孙父子生育繁衍,老者以寿终,幼孤得遂长。"

罗尔纲的分析是有道理的。人口学家陈长蘅于20世纪30年代初曾认为乾隆时期中国人口增长最迅速。但他通过对广东中山县《李氏家谱》的研究,却发现该家谱显示出1700年以后死亡率逐渐增高,平均寿命逐渐降低的发展趋势,他对此表示"殊堪惊异"。80年代中,海外一些学者对清代浙江省的几个家族加以研究,结果也发现了同样的趋势。

因为不能直接利用现成的人丁统计(具体理由我们将在下一节中加以阐述),对1680~1740年间的人口只能参照其他资料进行粗略的估计。期末,即1740年前后的人口,我们利用乾隆时期的民数统计进行推算,估计可达2亿左右。期初,即1680年前后的人口,估计不超过1亿。据此推算1680~1740年间的平均年增长率约在 11.6‰，大约与西汉文景年间相当。雍正初年曾任广西巡抚的李绂说："圣祖皇帝爱育黎元，太和保合，至六十余年。天下民人，较之康熙初年不啻加倍。"千万不要忽略了这段文字，因为它向我们提供了这样的信息：雍正初年的人口较 60 余年前的康熙初年的人口增长了一倍。它也表明我们的估计是有事实根据的。

3 名不副实的"人丁"统计

如前所述，清代初叶从 1644 年到 1740 年，也就是从顺治元年历经顺治（18 年）、康熙（61 年）、雍正（13 年）三朝，直到乾隆五年的近百年间，是中国人口由锐减到缓慢恢复到进而迅速增长的时期。但这一变化，在清朝的官方统计中却没有得到如实的反映。

《清实录》自顺治八年（1651）起，于每年年末登载当年的"人丁户口"。这一年全国的"人丁户口"为 10633326 人。以后虽迭有增加，但在顺治、康熙两朝的多数年份里，这种"人丁户口"的增长极为有限，有时几乎呈零增长的状态，甚至一度还出现负增长。直到 80 多年后的雍正十二年（1734），统计的"人丁户口"仅增加到 26417932 人，即使再加上所谓"永不加赋滋生人丁" 937530 人，仍只有 27355462 人。但再过 7 年后的乾隆六年（1741），所统计的"天下民数"便一举突破 1 亿大关，达 143411559 人，为雍正十二年统计数的5倍多。乾隆末年（18世纪90年代）的"民数"更高达3亿以上，为雍正年间所统计的"人丁户口"的10多倍。

其实，只要我们略加分辨就可以发现：清代初叶的"人丁户口"统计与清代中叶以后的"民数"统计，分属于两种册报体系，其性质是截然不同的。康熙时的户部尚书张玉书曾经说过：登载在册籍中的都是实际缴纳丁粮的人。一户之中，人口虽多，但登记在册的丁口，大体都是高祖、曾祖辈传下来的，若不分家析产，就不再增加了。因此入丁籍的，常只有不多的几个人。官员、有功名的士人以及军人等按例都可以优免，而佣保奴隶又都不列入丁册之中，因此登记的所谓人丁户口与实际人口的增减变动没有任何关系。

清政府是不是不愿知道全国人口的实际状况？当然不是。早在顺治五年（1648），清廷就决定仿照明代旧例三年一次编审天下户口（顺治十三年又改为五年一次），其诏旨曰：

> 令州县官照旧例造册。以百有十户为里，推丁多者十人为长，馀百户为十甲。城中曰坊，近城曰厢，在乡曰里，各有长。凡造册人户，各登其丁口之数，授之甲长，甲长授之坊厢里长。坊厢里长上之州县，州县合而上之府，府别造总册上之布政司。民年六十以上开除，十六以上增注。凡籍有军、民、匠、灶，各分上、中、下三等；丁有民、站、土、军、卫、屯。总其丁之数而登

黄册。督抚据布政司所上各属之册达之户部。户部受直省之册汇疏以闻,以周知天下生民之数。

由此可见,清廷虽想"周知天下生民之数",实际上所要掌握的,却仅仅是"人丁",即16岁到60岁的成年男子的状况。其所以如此,归根结底是为了征收赋税。正如《清史稿·食货志》所说:"编审,则丁赋之所由出也。"顺治十一年(1654)的补充规定很明确地指出:"每三年编审之期,逐里逐甲查审均平,详载原额、新增、开除、实在四柱,每名银若干,造册报部。如有隐匿,依律治罪。"

编审的规定是很严格的。但只要它的实际目的是征收丁赋,便不能不为后者所制约。这取决于丁赋的征收方式:如果是在清查人丁实数的基础上征收,即所谓"计丁征银",那么即使民间有所隐匿,再除去几种优免或不在编列的情形,编审人丁仍应能大体反映人口的实际状况;反过来,如果丁赋额是预定的,那么在这基础上的编丁,即所谓"计银编丁",便不可能反映人口的实际变化。

事实表明:清政府的实际做法是后者而不是前者。乾隆初年,御史苏霖渤在奏议中说:"向例五年编审,只系按户定丁。其借粜散赈,皆临时清查,无从据此民数办理。"可见,直到此时,清朝当局并没有将编审人丁看做真实的人口统计。

编审人丁的实质究竟是什么呢?

有人认为:它既不是人口数,也不是户数或纳税的成年男子数，而只不过是赋税的单位。这一看法反映了部分的真实，那就是，在摊丁入地以后的"丁"确实已演化为计税的单位与尺度。证之以清代若干地方志的记载中，"丁"以下还有分厘毫等单位。如光绪浙江《分水县志·食货志》即记载："乾隆九年实在人丁六千三百六十九丁二分四厘四毫八丝三忽"，这里的人丁显然已转化为计税的单位。但在顺治初年直到雍正朝的近百年间，官府所统计的编审人丁却还不是抽象的计税单位，因为它必须落实到具体的人户，即前引苏霖渤所说的"按户定丁"。

人丁经过编审落实，就变得具体化了：一"丁"可以由一户，也可以由几户，或干脆就由某一位具体的人承应。反映在编审所得的钱粮册中，人丁都是有具体姓名的。这种有具体姓名的人丁，当然不能被看做"赋税单位"或"税额的标志"。民国四川《双流县志》所载的有趣例证可以帮助我们进一步澄清编审人丁的实质。据该志载："清雍正户口，自雍正七年（1729）清查起至十三年，现编承粮花户姜启才等4964户，共男妇10648丁口。"这位姜启才的名字后来在乾隆六十年（1795），甚至在嘉庆十七年（1812）的钱粮册中仍一再出现。由此可见钱粮册中所列人户姓名，有时可能不再代表某位具体的有血有肉的"自然人"。这一事实启发我们：对于编审人丁，完全可以借助现代法学中有关"法人"的概念加以理解，即应将编审人丁理解成一种纳税法人。编审人丁的统计实质上是纳税法人而不是自然人人数的统计。由于它的总数往往是预定的，所以区别于正常的人口统计；又由于它必须转化为具体的人户姓名，即落实到具体的人户，所以又不是丁赋本身。所谓编审，即是由州县地方政府核准、登记或变更这种纳税法人的过程。正是编审人丁的这一纳税法人的属性，才使得州县以上将其汇总层层册报，并赫然以"天下人丁户口"的名义载于《清实录》之中！

层层册报的人丁数不能反映实际的人口；人丁编审制度只要和赋税连在一起，便不能发挥其清查人口的职能。这两点，康熙帝（1654~1722，1661~1722年在位）本人大概是在巡视南方的实践中逐渐弄清楚的。鉴于当时人口的迅速增长，最高统治者深切感到了解人口实数的必要。经过一番深思熟虑之后，康熙五十一年二月（1712年4月），皇帝终于发布了一道在中国赋税史上享有盛名的"滋生人丁，永不加赋"的上谕，文字虽然稍长了些，但内容很丰富，也很好懂，所以我们将原文照录如下：

谕大学士九卿等：

朕览各省督抚奏编审人丁数目，并未将加增之数尽行开报。今海宇承平已久，户口日繁。若按见在人丁加征钱粮，实有不可。人丁虽增，地亩并未加广。应令直省督抚，将见今钱粮册内有名丁数勿增勿减，永为定额。其自后所生人丁，不必征收钱粮，编审时止将增出实数察明，另造清册题报。

朕凡巡幸地方所至，询问一户或有五六丁，止一人交纳钱粮；或有九丁十丁，亦止二三人交纳钱粮。诘以余丁何事？咸云：蒙皇上弘恩，并无差徭，共享安乐，优游闲居而已。此朕之访闻甚晰者。前云南、贵州、广西、四川等省遭叛逆之变，地方残坏，田亩抛荒，不堪见闻。自平定以来，人民渐增，开垦无遗。或沙石堆积，难于耕种者，亦间有之；而山谷崎岖之地，已无弃土，尽皆耕种矣。由此观之，民之生齿实繁。

朕故欲知人丁之实数，不在加征钱粮也。今国帑（tǎng，音淌）充裕，屡岁蠲（juān，音捐）免，辄至千万。而国用所需，并无遗误不足之虞。故将直隶各省见今征收钱粮册内有名人丁，永为定数。嗣后所生人丁，免其加增钱粮，但将实数另造清册具报。岂特有益于民，亦一盛事也！直隶各省督抚及有司官编审人丁时，不将所生实数开明具报者，特恐加增钱粮，是以隐匿，不据实奏闻。岂知朕并不为加赋，止欲知其实数耳。嗣后督抚等倘不奏明实数，朕于就近直隶地方，遣人逐户挨查，即可得实。此时伊等亦复何词耶！

根据皇帝的指示，廷臣们很快进行了会商，其结果是："嗣后编审人丁，据康熙五十年丁册，定为常额。其新增者谓之盛世滋生人丁，永不加赋。"

滋生人丁的清查，依然是利用编审制度，并归入专门的滋生册内造报。《清实录》自康熙五十二年（1713）起，每年除了原有的"人丁户口若干"外，又多了"永不加赋滋生人丁"一项。

这种册报的"滋生人丁"能否反映每年新滋生的人丁的实况呢？如果能的话，至少，可以使我们了解康熙末年到雍正年间人口增长的部分实情。可惜，答案只能是否定的。这是因为：原有的丁额虽经固定，但钱粮册上具体的"有名人丁"却需不断地变更，即所谓"丁有开除，不能不有抵补"。户部因此于康熙五十五年（1716）决定："以编审新增人丁补足旧额，如有余丁，归入滋生册内造报。"皇帝"从之"。据此，即使这一时期的所谓"滋生人丁"得以一无遗漏地编审，也绝不可能在滋生册中准确地反映出来。更不用说各州县沿袭旧例，并不以人丁实数上报。康熙帝想了解人丁实数的愿望，在政策制定的过程中就已落空了。

综上所述，我们认为只能得出这样的结论：顺治、康熙、雍正三朝，即1651～1734年间的人丁统计（包括1713～1734年间的"滋生人丁"的统计），绝不能用来表示同时期的人口变动状况。至于不少论著按照固定的丁口比（通常是1∶5，即一丁折五口）将人丁折算成人口的做法，显然是欠妥的。

图2-1是根据《清实录》所载1651～1734年历年的人丁、地亩统计数据编绘的。从图中可以直观地看出"人丁"数在顺治末到康熙初以及康熙中期有过两次较长时间的停滞，而后一次的时间更长些。这是纳税法人的人数相对稳定，也即丁赋税额相对稳定的表现，并不反映人口的实际变动。否则，无论以什么比例将此"丁"数折合成人口数，都会得出康熙年间，

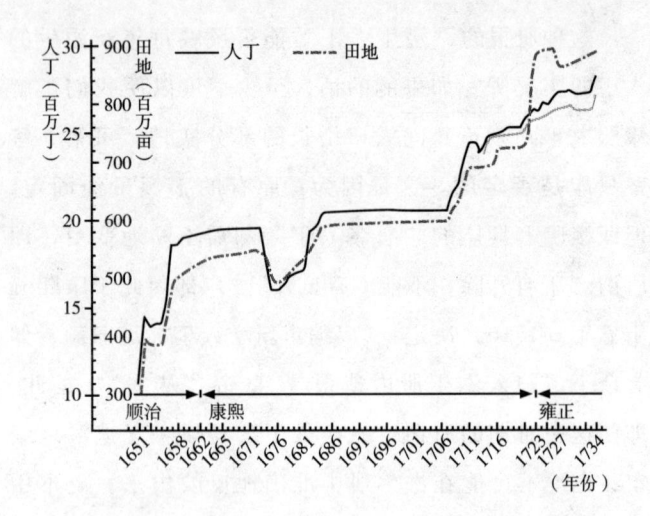

图 2-1　1651~1734 年人丁、田地数的变动

说明：1713 年起人丁数包括永不加赋滋生人丁。其原额部分，另用虚线表示。

资料来源：《清实录》。

尤其是 1684~1707 年长达 1/4 世纪的繁荣发展时期人口竟然长期保持零增长的结论。而这显然是不符合事实的。图 2-1 还显示了"人丁"与"地亩"之间有着极强的正相关关系。计算表明：相关系数 $r = 0.960$。如以 y 表示人丁（百万丁），x 表示田地（百万亩），可得回归方程：

$$y = 5.229 + 0.025x \quad (290.4 \leq x \leq 897.0)$$

大体表现为每丁三十亩的比例，与"一夫百亩"的古制约略相合。"人丁"与"地亩"这两者之间极强的正相关关系说明了什么呢？康熙时人盛枫所作《江北均丁说》指出："总一县之丁课编户为籍，人赋之得若干,其丁课之数常不及田税三十分之一。"同时代人李光坡《答曾邑侯问丁米均派书》也指出:"夫今之编审,皆因米添丁,则已计田矣,何尝就丁乎?"原来所谓的"人丁"与"地亩",实际上同为法定的纳税单位,并且前者因后者的变动而变动!

既然"人丁"统计不能反映清代前期人口增减变动的真实情形,我们当然只有坚决屏弃它!

三 在"人满"的阴影下
——清代中叶人口

> 我国家承天眷佑,百余年来太平天下,化泽涵濡,休养生息。承平日久,版籍益增,天下户口之数视昔多至十余倍。……生之者寡,食之者众……朕甚忧之!
>
> ——清高宗"上谕",乾隆五十八年(1793)

1 乾嘉道三朝的民数统计

清代自乾隆六年(1741)开始有民数的统计,按《清实录》中的用语是"会计天下民数,各省通共大小男妇若干名口"。这一统计,从原则上说,已属于全民人口统计的范围。然而所谓"天下民数",并不是指居住在中国境内的全体人口,而只是指各直省的汉族人口以及部分已入编氓的少数民族人口。但由于这部分人口已占全国人口的绝对多数,将其近似地看做全国人口的统计还是可以的。

清代的民数统计自乾隆六年起,直到光绪二十四年(1898)止,历经乾隆、嘉庆、道光、咸丰、同治、光绪六朝,计158年。其中以乾隆、嘉庆、道光三朝的统计较为完全(咸丰二年起,因太平天国革命的冲击,历年册报的民数,经常欠缺数省,已经不能算是全国性的统计了)。根据《清实录》的原有记载和参照户部《汇奏各省民数谷数清册》(以下简称为《民数册》)、《清朝文献通考》、嘉庆《大清会典》等资料所作的补充、修正,我们可将乾嘉道三朝,也即1741~1850年间的民数统计分为四段进行考察。

(1) 乾隆六至三十九年(1741~1774),民数由14341万人增加到22103万人。在这一阶段中,乾隆七年较六年增加1600余万人,增幅过大(增长率高达114‰)。其后则大体以较为平缓的速率逐年增长,平均年增长率为10.2‰,或每年增加190余万人。

(2) 乾隆四十至五十九年(1775~1794),民数由26456万人增加到31328万人。这一阶段因1775年比1774年猛增4000余万人(年增长率高达197‰),而与第一阶段形成一个陡坡。但本阶段其后各年的增长也相当平缓,即大体保持在年增长率8.9‰,或每年增加250余万人的势头。唯一的例外是乾隆四十三年(1778),因比上年少2790万人而形成一个明显的统计缺口。

(3) 乾隆五十九至嘉庆十七年(1794~1812),民数由31328万人增加到36169万人。这一阶段的统计缺口较多。由于这一期间的户部《民数册》现已大部缺失,《清实录》的记载又过于简略,我们无法准确判断造成这些统计缺口的具体原因。据现存道光朝的《民数册》推断,应是由于灾荒或战乱而影响到有关地区未能及时将人口查报。如果排除这些缺口的干扰,则可以看出,这一阶段民数的变动基本上仍是平滑上升的增长曲线:平均年增长率约为8‰,或每年增加近270万人。

(4) 嘉庆十七至道光三十年(1812~1850),民数由36169万人增加到42993万人。这一阶段的增长速率已明显减缓。由于鸦片战争和灾荒,部分地区民数缺报。虽然按规定,这些地区事后都必须补造(补造的民数附于上报之年的《民数册》中,而不再对原《民数册》加以订正),但因《民数册》的残缺,我们无法将缺失的统计一一修订补全。根据业经修补校正的数据来看,这一阶段大体仍呈上升的趋势,但平均年增长率已下降到4.6‰,或每年仅递增180万人。

曾有人强调1741年人口数据的重要。因为清政府于此年第一次借编审之机清查了全国人口,然而方志材料向我们显示,若干地区是在1741年后的数年中才逐户清查人口并有准确数字上报的。这一事实表明:1741年后的几年间人口统计数据的大幅度上升,并不是实际人口突然飞跃增长,而是各地陆续清查人口并将其上报的结果。

对于1775年统计人口的大增长,也曾有人认为是疆吏们为迎合乾隆帝的意愿而故意多报的结果。在随后历年编造的户口统计中,可能也未及时将这些虚报数字删去。这一见解，甚至在今天还有影响。有些学者，尤其是海外的一些学者，坚持认为1775年后的人口统计有虚报成分，应该予以删削。

由此可见，为了对清代中叶，也即乾隆、嘉庆、道光三朝的人口增长有一全面正确的了解，结合乾隆年间所确立的民数统计制度进行动态的考察就是完全必要的了。

② 夭折了的人口普查

18世纪初，康熙帝在多次巡视南方后，觉察到所谓"人丁户口"的统计不能反映实际的人口，认为有必要对"人丁"的实数加以确查，这导致了康熙五十一年二月（1712年4月）有关"滋生人丁，永不加赋"的"上谕"的发布。尽管当时的实际人口可能已经赶上了明代盛年，但为贯彻这一"上谕"所采取的具体措施并没有使皇帝达到其了解"人丁"实数的初衷。然而，它皆竟促进了丁赋征收制度的变革，为雍正年间的"摊丁入地"准备了条件。这一发展变化又导致了沿袭已久的人丁编审制度与赋税征收的分离，终于为乾隆年间人口统计制度的根本变革打下了基础。

面对仍在不断膨胀中的人口，乾隆帝上台伊始就下定了确查的决心。与其祖父强调了解"人丁"实数的意愿不同，乾隆帝决心掌握全体"民数"，并为此作了精心的准备。《清实录》于雍正十三年（1735）年末，第一次没有按惯例登载是年的"人丁户口"及

"永不加赋滋生人丁"。这一状况持续了6年。这是一个明确的信号。第七年即乾隆六年(1741),正届五年一举的编审之期。年轻的皇帝提前于乾隆五年冬正式下令清查全国户口。为了顺利完成由清查"人手"(人丁)到"人口"(民数)的转变,皇帝很费了一番脑筋。他援引早已成为经典的"周官之法",并特地选定在十一月初一日,也即冬至月的朔日发布"上谕",从而使得这一变革显得极其庄严神圣,符合古制而无可非议。"上谕"说:

> 周官之法,岁祭司民司禄,而献民数谷数于王。王拜受之,登于天府。非独冢(zhǒng,音肿)宰据之以制国用之通,凡受田兴锄,赒(zhōu,音周)急平兴及岁有灾祲,移民通财,薄征散利,皆必于民数谷数若烛照数计,而后可斟酌调剂焉。秦汉以降,户口之数,虽间见于史册,而其文甚略。唯唐贞观之初,定口分世业之法,比岁登籍,三年献书,以养以教,致〔郅〕治之盛,几于成康。固用此为根柢也。在昔圣祖仁皇帝以生齿日繁,恐有司虑加丁赋,匿不以闻,特诏据实开载,新增人户,不另加丁赋。世宗宪皇帝,勤恤民隐,广储仓谷,常惧一夫不得其所,德意至为周渥。然各省督抚虽有五年编审之规,州县常平仓虽有岁终稽核之法,而奉行者仅亦于登耗散敛之间,循职式之旧。殊不知政治之施设,实本于此。其自今以后,每岁仲冬,该督抚将各

府州县户口减增、仓谷存用，一一详悉具折奏闻。朕朝夕披览，心知其数，则小民平日所以生养，及水旱凶饥，可以通计熟筹，而预为之备。各省具奏户口数目，著于编审后举行，其如何定议，令各省划一遵行，著该部议奏。

17天后，户部遵旨议奏："查定例，五年编审人丁，每年奏销仓谷。今特降谕旨，欲周知其数，以通计熟筹而为之备。请嗣后，编审奏销，仍照旧办理外，应令各督抚，即于辛酉年（1741）编审后，将各府州县人丁，按户清查，及户内大小各口，一并造报，毋漏毋隐。……俱于每岁十一月缮写黄册奏闻。"皇帝"从之"。

美籍学者何炳棣对户部的这一方案极表赞赏。他评论道："如果户部的建议被无保留地接受的话，那么中国从乾隆六年（1741）开始就已经建立了人口普查的制度。"其实，户部的规定很有些含混和不切实际的地方。如五年编审之外每年再清查户口的规定，显然就是行不通的。人口过众的中国似乎也注定了自己不能成为近代意义上第一个实施人口普查的国家（按：国际公认1790年美国第一次人口普查是近代人口普查的开端）。

户部的方案虽然得到乾隆帝的首肯，但刚一出台就遭到强有力的反对。御史苏霖渤在奏疏中指出：户部提议施行的每年查民数一事，只可验证生息的繁盛，很难真正贯彻执行。历来的五年编审，都只是按户定人丁。凡遇灾荒之时的借粜、散赈，都是临时清查，从不照编审得来的人丁数办理。加之小民散处僻远乡村，如果下令他们赴官署听候清点，或是让官员们亲自下乡查验，恐怕都经受不了，最后还是只能委托一班吏胥办理。何况行商之人往来不定，流民、工役，或聚或散，没有规律；番疆、苗界的民族居住区，又有很多不便清查的地方。他请求降旨立即停止执行。除了技术上的困难外，苏霖渤还特别强调了吏胥，也即官府的办事人员借清查而扰民的可能严重后果："事本烦重，则借口之需索多端；地复辽阔，则乘便之贪求无厌。重则入室搜查，生端挟诈；轻则册费路费，坐索无休。至敛钱之乡保人等，就中分肥，皆属情所不免……是小民未及沾惠，先已耗财不赀矣。"而且从编查的结果看，似乎也不值得为此大动干戈："迨至汇册奏闻，仍仅得其大略，究非确数。而小民滋累业不可以数计也。"

标榜爱民的皇帝对此意见自然十分重视。他下令大学士与九卿会议。讨论的结果是："查各省户口殷繁，若每岁清查，诚多纷扰。应俟辛酉年编审后，户口业有成数，令各督抚于每岁仲冬（按：即十一月），除去流寓人等，及番苗处所，将该省户口总数与谷数一并造报，毋庸逐户挨查。"皇帝对此又"从之"。

户部的方案被否决了。这既有技术上的困难，更有政治上的考虑。皇帝因人口众多而下令户部提出方案，实施清查，以便加强治理；而廷臣们却又因人口太多，恐滋纷扰，而否决了户部的方案。这本身很有些讽刺意味。

户部的最后规定是这样的:"造报民数,每岁举行,为时既近,而自通都大邑以及穷乡僻壤,户口殷繁。若每年皆照编审造报,诚恐纷烦滋扰。直省各州县设立保甲门牌,土著流寓,一切胪列,原有册籍可稽。若除去流寓,将土著造报即可得其数目。令该督抚于每年仲冬将户口实数与谷数一并造报,以免纷扰。至番疆苗界,向来不入编审,不必造报。"

这一规定说明了三个问题:

第一,清政府无意利用五年一举的人丁编审制度为清查全体人口服务;

第二,人口造报不是在重新确查人口实数的基础上进行,而是利用现成的保甲册籍;

第三,实际造报的人口,不仅不包括向来不入编审的"番疆苗界",甚至也不是保甲册籍上的全部人口,而仅是将"流寓"(外来寄居人口,实际上多已定居)除外的所谓"土著"人口。

上述规定有违乾隆帝要求确查全体民数的本意。但新规定确立了以保甲清理户口的重大原则。尽管当时的保甲制度远没有完善到足以承担全国户口查报的任务,原本为丁赋征收服务的人丁编审也仍照旧如期举行,两者的最终命运还是因此而决定了。

3 严保甲,废编审

在人口众多的中国,历代统治者都很重视作为人口管理重要设施的保甲组织。清政府自然也不例外。早在顺治元年（1644），清廷入关伊始，即下令"制编置户口保甲之法"。康熙四十七年（1708），正值人口的高速增长时期，清廷以"有司奉行不力，言者请加申饬"，再次下令部臣议奏，"申行保甲之法"，规定："一州一县城关各若干户，四乡村落各若干户，给印信纸牌一张，书写姓名丁男口数于上，出则注明所往，入则稽其所来。……十户立一牌头，十牌立一甲头，十甲立一保长。若村庄人少，户不及数，即就其少数编之。……客店立簿稽查，寺庙亦给纸牌……"

雍正年间，人口更形增长，清廷对编排保甲的指令也愈加严厉。雍正四年（1726）四月的谕旨说："弭盗之法，莫良于保甲。朕自御极以来，屡颁谕旨，必期实力奉行。乃地方官惮其繁难，视为故套，奉行不实，稽查不严。又有藉称村落畸零，难编排甲。至各边省，更借称土苗杂处，不便比照内地者。此甚不然。村落虽小，即数家亦可编为一甲。熟苗熟僮，即可编入齐民。苟有实心，自有实效！"七月，吏部遵旨议复："保甲之法，十户立一牌头，十牌立一甲长，十甲立一保正。其村落畸零及熟苗熟僮，亦一体编排。地方官不实力奉行者，专管兼辖统辖各官分别议处。"是否实力奉行保甲，正式成了对各级官员考绩的组成部分。

同年，定棚民、寮民照保甲之例，对在江西、浙江、福建、广东等省边远山区的外来人口加强了管理。次年，定外省入川民人编查例，对象是大量涌入四川的外省人口。雍正七年，准广东省被称作疍（dàn，音蛋）民的船户登岸居住，"与齐民一同编列甲户"；又定首都及附近地区屯居旗人编查例。雍正八年，准江南常熟、昭文（今江苏常熟）丐户削除丐籍，"同列编氓"。雍正九年，定苏州踹（chuài，音揣，去声）匠约束法，又令甘肃回民"通编保甲"，雍正十一年，令将流寓台湾人口"附于甲牌之末"。

由于人口编审制度在人口清查职能上已名不副实，雍正四年时任直隶总督的李绂提议以保甲制度取而代之。他说："国家定例，五年编审一次，稽查户口，仍造具滋生册籍……臣查直隶丁银业已照粮均摊，是编丁之增损，与一定之丁银全无关涉，而徒滋小民繁费，似宜斟酌变通……臣因思编审之法五年一举，虽意在清查户口，尚未能稽察游民。不如保甲之法，更为详密，既可稽察游民，且不必另查户口，自后请严饬奉行。州县于编排保甲时，逐户清查实在人丁，自十五岁以上，毋许一名遗漏。"然而当时摊丁入地尚未全面展开，李绂建议的重点也只在编查实在人丁（15岁以上的成年男子），人丁编审制度并未因此而废除。

乾隆初年对置编保甲的政策一度较雍正时的雷厉风行有所缓和，其指导思想是"勿任吏胥夤（yín，音寅）缘为奸，扰累户民"。但对人口管理控制的现实要求，使得清廷不久便再度抓紧保甲制度的建立与完善。到了乾隆二十二年（1757），廷臣们议准保甲条例15条，终于对人口管理全面立法。条例对"绅衿之家"、"旗民杂处"、"吏民杂处"、"客民在内地贸易，或置有产业者",都强调与齐民"一体编列"。对"边外蒙古地方种地民人",对盐厂井灶、矿厂、煤窑乃至山居棚民、寮民、商船、渔只、寺观僧道、流丐等,也都有具体的编查条例。四川迁入人口最多,条例于此还特别强调"川省客民,同土著一例编查"。这就为全面推行保甲制度,并以此查报人口提供了决定性的保证。

从1741年第一次查报民数,到1772年"永停编审"之前,由于保甲制度的不健全,一些地区的人口造报,是利用编审的机会进行的。从表面上看,自从康熙末年"永不加赋"及雍正年间推行"摊丁入地"以后,五年一举的编审已逐渐失去它为丁赋征收服务的职能,似乎已无存在的必要。然而实际上,正因为丁赋征收制度的根本性变革,才使得编审有可能彻底摆脱赋税的影响,真正做到"与一定之丁银全无关涉",从而发挥其应有的人口统计的职能。比如,据光绪湖北《襄阳府志》的记载:"乾隆二十一年(1756)编审,一州六县民户共106334,口431382,内随粮成丁26134,滋生不加赋成丁6371,土著不成丁大男女264670,小男女134207。"显然,这届编审查造了除流寓外的全部土著的大小男女人口。另有一些地区,如江苏省震泽县,虽然没有利用五年编审的机会,却也是由知县逐户清查才得到人口的实数。可见,编审的形式对查报人口来说,还是有生命力的。

然而,随着赋税制度的改革,五年编审人丁之举渐渐失去财政意义,所以最终还是遭到了"永行停止"

的命运。乾隆十一年（1746），皇帝首先下令停止了江西省对妇女的编审。乾隆三十七年（1772），由于摊丁入地的基本实现，皇帝下令永停编审。

编审在乾隆年间共举行过六届，即自乾隆六年起，到乾隆三十六年止。此后的人口查报便走了专倚保甲册籍的道路。清人对这一转变褒贬不一。光绪《畿辅通志》的编者认为：旧志只载丁数，是为了表示重编审，也是以此稽察丁银。自雍正二年丁银已摊入地银，而雍正志仍载人丁，不计户口，于本义就不符了。至乾隆三十七年停止编审，清查户口，是符合民数为重的古制的。而光绪湖北《襄阳府志》的编者却认为：自停止编审后，州县户口不过是胥吏随意增减所为，已不足为据。

上述不同看法反映了新的人口统计制度在确立过程中的两重性发展：一方面，由编审人丁到清查民数，统计上报的对象转变为全体人口，使人口统计更接近于实际，这是它值得肯定的一面；另一方面，由直接的面对面的"按户定丁"改为间接的按册籍上报，不仅在统计对象的准确性上打了折扣，也为吏胥的任意编造提供了可能，这又是它消极、落后的一面。而这一面很快就暴露出来了。

4 全面清查冒出了四千万人口

乾隆四十年（1775），也就是下令停止编审刚刚三年之后，皇帝因地方州县人口造报的不实而大为震怒。

事情是由湖北灾赈案所引起的。湖北巡抚陈辉祖在办赈过程中发现：该省灾区要求赈济的人口竟比有关县份的"民数"多得多，而这些县份以前只是每年任意造报一个很小的滋生人口数字。陈辉祖只得硬着头皮据实奏报，并自请处分。乾隆帝的上谕说：

> 据陈辉祖回奏，上年奏办湖北灾赈案内，未将灾重人多，及查实灾口与民数册不符之故，详晰豫陈，请交部严加议处一折，已批交该部矣。至所称从前历办民数册，如应城一县，每岁止报滋生八口，应山、枣阳止报二十余口及五六七口且岁岁滋生数目，一律雷同等语。实属荒唐可笑。各省岁报民数，用以验盛世闾阎繁庶之征，自当按年确核。岂有一县之大，每岁仅报滋生数口之理？可见地方有司向竟视为具文，而历任督抚，亦任其随意填造，不复加察。似此率略相沿，成何事体！现据陈辉祖另折奏请，将本年民数，展限于明岁缮进，以期核实。湖广通省如此，各直省大略相同。前曾降旨令各督抚将实在民数核上。但恐督抚等泥于岁底奏报之期，尚不免草率从事，仍属有名无实。所有本年各省应进民册，均著展限至明年年底缮进，俾得从容办理，以期得实。或今年有陆续报到者，该部即行驳回，毋庸汇进。嗣后每年奏报民数，各该督抚务率属实力奉行，勿再如前约略开造。倘仍因循疏漏，察出定当予以处分。

措辞严厉的上谕对"率略相沿"的各省督抚无疑是极大的震动。具有讽刺意味的是，尽管乾隆帝废止了"编审"这一清查形式，但各地为了贯彻谕旨，还是不得不展开了对人口的全面清查。我们在江苏《溧水县志》中找到了有关在乾隆四十年"奉旨饬查确实民数上之于朝"的记载。而这次全面清查的结果，便是1775年全国民数统计的猛增。从绝对数看，此年的民数比上年增加4000余万，增长率高达20%。

能否因为统计数字的猛增便断言各省疆吏"多报人数迎合上意"呢？不能。事实上，所谓的"上意"只是要求各地造报人口实数，而不允许"约略开造"。1775年的民数（展期到次年造报）是建立在全面清查的基础之上，而这种全面清查显然具有人口普查的某些性质，其结果应是可信的。但为什么各地"奉旨饬查确实民数"的结果竟造成了统计数字如此大幅度的猛增呢？

皇帝所指责的"约略开造"现象，应是造成这一期间统计偏差的原因之一，但不可能是主要原因。所谓"约略开造"，实际是地方当局对本地人口状况的一种估计，一般必须建立在某次编审或其他形式的人口清查的基础之上（即所谓"户口业有成数"）。由于编审或其他形式的人口清查实际上不可能每年举行，由地方官员或吏胥对当地人口及其变动状况作出估计并上报，就成了经常的、普遍的现象。因此它所产生的误差，主要是人口绝对数的不准确，所反映的人口规模不可能有太大出入。1775年人口统计数的猛增，其实另有原因!

利用现在所能搜集到的1771、1776两年的分省统计,我们不难发现:各省的增长幅度很不相同。增幅较大的有四川、广东、湖北、湖南等省。其中四川由307万人增加到779万人,增长率高达154%。增幅较小的有浙江、广西、奉天（含吉林）、陕西等省。其中陕西由743万人增加到819万人,增长率为10%。最引人注意的是山东省,竟然出现了负增长!该省由2600万人降至2150万人,增长率为-17%。值得指出的是,各省人口增幅的大小,与各省移民人口（即"流寓"）的多少密切相关:人口增幅较大的几个省,都是清初以来有大量移民迁入的省份;而出现负增长的山东,恰好是一个移民人口迁出大省。山东早在康熙年间即有10多万人前往口外蒙古地方垦地。但当时规定,仍由山东巡抚"查明年貌、姓名、籍贯"造册,以防这些人"将来俱为蒙古矣"。迟至乾隆年间,移民东三省、内蒙古等地的原山东人口当不会少于数百万。若再仔细推敲前引乾隆帝的上谕,我们更可发现它与1741年的规定有着原则性的差异:1741年的规定明确要求各地上报民数时将"流寓"人口除外,1775年的谕旨却强调必须将各地的"实在民数"通核上报。显然,这种由"本籍主义"向"现住主义"指导原则的改变,才是造成1775年统计人口大幅度增长的主要原因。换句话说,正是1741年将"流寓"人口除外的不合理的"本籍主义"的规定,造成了1741~1774年间统计人口对实际人口的较大幅度的偏低。

5 补洞堵漏，专倚保甲

像1775年这样的全国规模的人口清查，此后直到1850年大动乱的前夕没再举行过。乾隆帝寄希望于地方官员平时对保甲编查的尽心职守之上。1775年，他在另一篇上谕中指出："现今直省通查保甲所在户口人数，俱稽考成编，无难按籍而计。嗣后各督抚饬所属，具实在民数上之督抚，督抚汇折上之于朝。朕以时披览，即可悉亿兆阜成之概，而直省编查保甲之尽心与否，即于此可察焉。其敬体而力行之，毋忽！"

这真是一个妙想。在他看来也许是一举两得：因为若要上报准确的人口数字，必须尽心编查保甲册籍；而保甲编查的尽心与否，又可根据上报数字的准确程度来检验。可是问题的关键恰恰在于：怎样才能得知上报的民数是准确的呢？显然应该另有一个参照系，即定期或不定期的检查制度——对人口的普查。不过，要求一个刚因"扰民"而废除了五年一举编审制度的皇帝这样做，是根本不可能的。

在乾隆帝治下的最后20年间，清政府未再对保甲查报人口的制度作任何实质性的变动。一些新规定则进一步完善了这一制度。如乾隆四十九年（1784）规定："各州县编查保甲，即注明每户口数。每年造册送臬司查核。至外来雇工杂项人等姓名，各胪列本户之下……"这一规定的贯彻也在地方志中得到了反映。据民国陕西《洛川县志》所载乾隆五十一年（1786）

户口,"流寓、客商、兵丁、军流、雇工、僧道等,一例编入。"不仅包括定居的全部土著、寄著人口,连短期停留的所谓"往来无常者"也在统计之列了。

至此,乾隆初年开始形成的建立在保甲体系基础上的人口统计制度,在形式上已臻于完备,以致乾隆帝的后继者们,没有对此作任何进一步的规定。

几十年后,当西方人的足迹越来越多地印在东方这块古老的土地上时,他们起先是为中国的众多人口而震惊,继而怀疑人口统计的正确性。但当他们在对中国的人口统计制度作进一步了解后,认识到:中国在人口统计方面享有西方所没有的种种方便,而最主要的就是利用了组织严密的保甲制度。中国人是完全可以得到可靠的人口数字的。当时中国的政论家们也一致认为"理户口之法,莫善于保甲"。

为避免"法久必怠,怠久必弊",嘉庆、道光两朝的统治者仍把相当多的精力花在对保甲制度的整顿上。这首先当然是社会治安的需要,但同样也反映了统治者要求掌握人口实数的愿望。嘉庆十四年(1809),嘉庆帝亲自过问了发生在江苏省淮安府的一起地方官员乘赈灾多报户口,并毒害察访委员的案件。谋杀委员的山阳县令被处斩,包庇他的知府被处绞,两江总督以下多位要员被革职。嘉庆十八年(1813),原任布政使叶佩荪之子将其父所定保甲章程缮条进呈。嘉庆帝详加披阅,极为赞赏,认为"其规条颇为简要易行",决定将叶氏进呈刊本"发给直省督抚各一册,令该督抚翻刻刷印,通饬所属各州县一体仿照办理。"

道光帝即位之初，也着手抓过保甲户口的编查工作。嘉庆二十五年末到道光元年初，各省督抚陆续具折奏查保甲完竣，皇帝一一认真披阅，朱批答复。山东巡抚钱臻奏报："臣往来沂、曹各处，复沿途察看，门牌一律悬挂整齐，并令委员随处抽查，户口俱属相符……各属奉行尚为认真。"皇帝朱批："此亦照例之事，然不可日久生怠，有名无实，必当实力为之。"在两江总督孙玉庭的奏折上，皇帝批道："虽系循例之事，切不可视为具文，必当认真查办，以安良民，以除匪棍，必要还朕一实字耳。"

道光十二年（1832），皇帝过问了一起地方官员上报户口失实的案件。很凑巧，这事也发生在江苏省淮安府。不过这次的当事者，盐城知县孔昭杰被指控故意少报户口。道光帝想抓一个反面典型。他密令两江总督陶澍等人查明有无情弊，"如实有办理不善之处，著据实参奏。再此外尚有玩忽赈务之员，一并严参"。经江宁布政使等亲自实地调查证明，这位知县并不是故意少报人口，而是因为县境被灾甚重，下乡挨查时，"必须见户见人始行入册"。而当时盐城全县逃荒在外人口太多，"是以造册时每户一、二口者居多，每户数口者较少"。陶澍等人的结论是："该县孔昭杰办理稍涉拘泥，系为预防冒混起见，尚非故意从刻、不能认真之比。"原来是这位知县办事太认真了。皇帝对此自然无话可说，朱批"知道了"完事。

此事说明，迟至道光中叶，像江苏这样的人口大省，对人口的统计和管理还是相当严密的，尤其是因天灾人祸需要重新清理以便赈济的地区。此时的户部《清册》中，凡因战死、灾荒等天灾人祸而缺报的地区，基本上也都能在事后加以补造。

清中叶所确立的建立在保甲编查基础之上的人口统计制度，有着极其重要的历史地位。从名不副实的所谓"人丁户口"，发展到包含所有"大小男妇"的全体"民数"，是一根本性的转变。它使得中国的人口统计第一次彻底摆脱了赋税的束缚，从而能够更为准确地反映人口变动的实际。以组织严密的保甲制度作为人口造报的基础，是清代统治者对人口统计的一大贡献。它使得地方政府部门可以得到相当可靠的分门别类的人口统计，也使得一个数亿人口大国的统治者可随时对全国人口的规模和分布做到胸中有数。这在世界人口统计史上是一个了不起的奇迹。当然，由于统计制度本身存在的缺陷以及其他种种原因，统计人口与实际人口之间还存在着一定程度的偏离。

6 生之者寡，食之者众

在前述对人口统计制度考察的基础上，我们可以就1741～1850年的110年间，也就是乾隆、嘉庆、道光三朝的统计人口对实际人口的偏离程度作一大概的估量，并依此推测当时实际应有的人口规模。

对于1741～1774年间的统计人口，我们不难作出判别。因为它不包括所谓"流寓"人口在内，很显然，是一个比实际人口有较大幅度偏低的不完全统计。

但对 1775～1850 年间的统计人口，作出一个明确的判断却要困难些。从我们所掌握的材料来看，这一时期的统计人口较实际人口仍有一定程度的偏离。其中有些可能偏高，更多的却是偏低，总的趋向则是偏低。这和迄今一些研究者认为这一时期的统计人口偏高的印象正好相反。

造成统计人口愈益偏差的原因之一，是统计报告中"人为编造"的现象愈演愈烈。所谓"人为编造"，也就是乾隆帝所批评的"约略开造"，正如前文所说，其实是地方当局对本地人口及其变动的一种估计。人口运动有一定的规律性，只要没有突发性的天灾人祸造成较大的人口变动，由地方当局作出的这种估计一般不会偏离实际太远。而一旦有较大变动时，对人口的重新清查，以及册籍的重造、核实等工作也就开始了。因此，册报人口对实际人口的偏离程度，取决于各地方当局对人口清查的频度和认真程度：如果两次清查的间隔时间较短，州县当局工作认真，其偏离程度就会相应小一些；反之，就要大一些。如果清查的时间间隔过大，或干脆没有清查，册报人口的可信度就很成问题了。

有证据表明：乾隆年间人口统计资料的可信度比嘉庆、道光年间为高。而道光朝前 20 年（1820～1840）的有关统计又比后 10 年（1840 年鸦片战争后）要略好一些。有两种形式的统计失实是较为容易察觉的。一是长期袭用同一册报数字。这在嘉庆、道光年间有所表现。如四川省之泸州，嘉庆十六年（1811）

册报人口为：148470户，446055口；而12年后的道光三年（1823），该州册报人口仍为此数。再就是长期沿袭同一（或大致相同的）增长数字，如每年都比上年增长二百或三百人，等等。但这主要表现于全国大动乱的咸丰年间以后，在嘉、道年间还不突出。

造成统计人口失实的另一原因，是统计报告中少报、漏报、缺报等现象相当严重。

一些边远省份存在着大批保甲编查未到的地方。西南地区，如云南、贵州、四川、广西等省，有大量的少数民族居住或与汉族混居。这些人口，或是完全没有上报，或是严重缺报。有人估计，1850年前后，仅云南、贵州及四川南部地区，至少有500万以上的人口没有登记造报。东三省，是满族发祥之地，曾严禁汉人移居，但禁而不能止，以至每查办一次，总会增出数千户新来流民。大量汉族人口也因非法移居，而无法以正常渠道清查上报。内地省份的边远山区，如广东、福建、江西、浙江、安徽以及湖北、陕西、四川等省边界毗邻山区，都有大批棚民、寮民居住，对这些人口的查报，也有相当的困难。因为有些住在深山中的逸民，几乎过着与世隔绝的生活。现代作家曹聚仁曾讲过一个有关封禁山山农的真实故事。抗日战争初期，曹氏在江西上饶，曾见有古道士装的乡人在街头闲逛。由于他们服装特别，语言又不通，引起当地中国驻军的注意，以为是充当日本间谍的朝鲜人。后来才知道是居住在深山中的山农，一年难得有机会入城的。

即使是人口较为稠密，保甲编查较严的地区，缺户、漏口（尤其是妇女、儿童）也是常事。乾隆时的官僚陈宏谋就曾建议：保甲编查可将妇女、儿童除外。这一建议遭到清廷的否决。但各地的人口造报中，实际注重的，往往仍是成年男子。比如，江苏各地在乾隆以后编纂的方志中，很多就只载男丁数。《嘉庆重修一统志》中，江宁布政使司所属的江宁、扬州、淮安、徐州、通州、海州等4府2州的所谓人口数，实际上只是男丁的统计。有些地方人口虽然男女并造，但妇女、儿童遗漏很多。如广东新宁道光八年（1828）统计，男子128863人，女子仅为68109人，性比例竟高达189。又如江苏青浦嘉庆二十一年（1816）统计，男丁82898人，妇女72854人，幼童40456人，幼女12886人。成人的性比例尚属正常，但儿童中女性所占比例太低，显然是少报了。若儿童性比例也按成人的比例计，仅少报的幼女人口一项，即可达总人口的10%以上。

道光中叶曾任直隶巨鹿知县的黄育楩说过：百姓们已将保甲编查视为具文。当造册时，有一户漏数口的，有一村漏数户的。到抽查时，户漏数口的或许能查出，村漏数户的就没法查出了。咸丰初年在户部任职的王庆云，对道光以前人口统计的总体看法是："各省册报民数固不能一无舛（chuǎn，音喘）漏，大抵有少开而无多报。"乾隆年间的诗人袁枚也说过类似的话。令人感兴趣的是一位英国外交官，约翰·包令（J. Bowring）爵士在应伦敦人口统计局局长之请，专函讨论中国人口时，也表示了同样的见解。在这封发表于1855年的信函中，包令提到：五个通商口岸的人口全比政府统计的数目为多。宁波是五口中进步最缓的，其人口已远远超出官府统计之上。中国的官吏以得到交通便利、人烟稠密地方的民数而知足，偏僻乡间的民数则常常脱漏。

还需要指出的是，在清政府对人口统计数字进行汇总的过程中，常有部分地区人口缺报。虽然，在户部的《汇造各直省民族谷数清册》中，这些缺报地区都有明确记载，但在《清实录》等文献中却大多得不到反映，一般研究者也往往忽略。最后，我们不可忘记，不在民数统计之中的满族宗室贵族、八旗、绿营兵籍人口，蒙、藏等少数民族人口，总数虽然不多，却始终占全国总人口的一定比例。

将上述因素都考虑在内，我们估计，1850年前后的实际人口至少应达到4.5亿。

至于1741～1774年间的统计人口，则应先将"流寓"人口所占的比例考虑在内。这可按1775年统计人口的增长幅度即约20%进行推导。如此，则期初，即1740年前后包括"流寓"人口在内的民族，应不少于2亿。这就是说，早在乾隆初年，全国的实际人口就已经大大超过明代盛年了。

从期初（1740年前后）的2亿到期末（1850年前后）的4.5亿，这两个数字使我们了解到：清代中叶（乾嘉道三朝）的110年间，虽然人口的增长速率已比初叶后期大为下降，但因人口基数过大，绝对数的增长依然相当惊人。由于乾隆初年的人口即已大大超过明代盛年,生活在清代中叶的人们始终感受着人口的沉重压力。我们所接触到的地方志和其他资料中,就有很多乾隆以后"人满为患"的记载。皇帝和他的臣僚们更是对此忧心忡忡。乾隆五十八年(1793)已届耄耋之年的乾隆帝在一份上谕中指出:"我国家承天眷佑,百余年来太平天下,化泽涵濡,休养生息。承平日久,版籍益增,天下户口之数视昔多至十余倍。以一人耕种而供十数人之食,盖藏已不能如前充裕,且民户既日益繁多,则庐舍所占田土不啻倍蓰。生之者寡,食之者众,于闾阎生计诚有关系。若再因岁事屡丰,粒米狼戾(lì,音厉),民情游惰,田亩荒芜,势必至日食不继,益形拮据。朕甚忧之!"固然,他之关于人口增长10余倍的说法是过分夸大了,但他对人口压力所带来的严重后果的担忧之情却完全是真切的。同年,著名政论家、文学家洪亮吉(1746~1809)写下了《治平篇》与《生计篇》的不朽篇章。这位被后人戴上"中国的马尔萨斯"桂冠的学者,在上述文章中充分阐述并进一步发挥了皇帝的有关思想,明确提出了关于人口增长带来危险的警告:"治平之久,天地不能不生人;而天地之所以养人者原不过此数也。治平之久,君相不能使人不生;而君相之所以为民计者,亦不过前此数法也。……一人之居,以供十人已不足,何况供百人乎?一人之食,以供十人已不足,何况供百人乎?此吾所以为治平之民虑也!"

统治者为缓解人口的压力采取了一系列措施。如开放封禁山区，允许开荒归己免于升科，适当鼓励向某些边远地区移民，等等。但"人满"的阴影始终笼罩着中华大地。正如两位远在欧洲的评论家马克思和恩格斯于1850年所指出的：在中国，"缓慢地但不断地增加的过剩人口，早已使它的社会条件成为这个民族的大多数人的沉重枷锁"。

四 闯关东，走西口
——北方人口迁移概观

哥哥你走西口，
小妹妹我实在难留！
手拉住那哥哥的手，
送哥送到大门口。

——山西民歌

1 黄河儿女之怨

清代全盛时疆域达1300万平方公里，但人口分布却极不平衡。估计在1820年前后，全国人口约为3.9亿，其中近98%居住在18省及奉天地区。而上述地区合计面积约440万平方公里，仅占全国总面积的1/3强。从自然地理的角度看，中国人口分布的高度不均衡性是有其原因的。中国地处北温带，疆域辽阔，自然条件复杂多变。根据我国自然条件不均衡性的综合表现，一些科学工作者将中国概分为三个范围十分广阔的自然区域和若干较小的自然单元。三大区域及其主要特点是：东部季风区域，季风、雨热同季、局部有旱涝，以粮食生产为主；西北干旱区域，干旱，水分不足限制了温度的发挥作用，只能以牧业为主，间有绿洲农业；青藏高寒区域，高寒，温度过低限制了水分的发挥作用，以高原牧业为主，仅在沟谷及低海拔高原有农业。18省及奉天，除西、北的极少数地方外，都处于东部季风区域，属于宜农地区，有着悠久的农耕文化的传统，并因而孕育和形成了占全国人口绝对多数的华夏——汉民族。

横贯于东部季风区域北方地区的黄河，是华夏文明的伟大摇篮。黄河的中下游流域，古称中原。今天的河南省之地，更被认为是天下之中。狭义为"中国"一词，原本就是指中原地区。华夏民族的人口分布与人口迁移，是以自己的母亲河——黄河为中心而展开的。

中国古代的人口迁移运动，一般认为，主要有两种表现形式：一是波浪式离心运动，即汉民族人口由黄河中下游人口稠密地区逐渐向四周扩散，而且在多数地区还具有波浪式推进的特点；二是北进南退运动，即北方民族不断向汉民族居住的黄河流域推进，并迫使汉民族人口大规模南迁。在中央政权强盛，人民较长时间享受政治安定的条件下，大致以前者为主；在连年战乱，或几个政权对峙、鼎立的情形下，又以后者为主。这两种人口迁移运动共同作用的结果，促成了中国人口稠密地区的南移，并最终形成了中国人口分布南重北轻的局面。

清初以来的人口迁移运动，已表现出一些新的特点。

清帝国是由北方少数民族——满族入主中原而建立起来的中央集权的庞大帝国。清军入关本身就是一次具有相当规模的人口迁移运动。据记载，顺治元年（1644），仅入山海关与李自成军作战的清军主力就达到14万人。定都北京后，满人差不多全部入关，许多蒙古人和早年降清的汉人也随之"从龙入关"，估计总人数可达百万。清军由北向南、由东向西，以高屋建瓴之势击溃了农民军和南明军队的抵抗，迅速控制了全国的战略要地。由于南明的几个政权相继败亡，未能形成与清廷对峙的局面，也由于满洲贵族与各地（首先是北方）汉族上层人士相结合，迅速稳定了局势，加之当时北方人口损失严重，南方人口大大超过北方，中原人口大量南迁的局面没有再现。

康熙中叶，原居住于漠北地区的喀尔喀蒙古三部，在厄鲁特蒙古准噶尔部的侵袭和压迫下，曾一度大举内徙。由于清王朝的强盛和妥善安置，加之准噶尔势力很快被击退，这次内徙并没有波及广大汉族人口居住地区。此后，一些少数民族人口的迁徙，如18世纪中叶清廷平定新疆后，南疆部分维吾尔人口的北迁，原住东北的索伦兵、锡伯兵及其眷属向新疆地区的西迁，厄鲁特蒙古土尔扈特部的万里来归等等，虽然都是清代人口迁移史上的重大事件，但由于发生在边疆地区，其人口绝对数又很少，对全国人口分布的基本形势并没有什么影响。

相反，由于大一统帝国的建立，多年相对安定的政治局面，原本就占全国人口绝对多数的汉民族人口有了较大幅度的增长，这样就使得人口由稠密地区向相对稀疏地区，尤其是向边疆地区的迁移运动逐步发展起来。然而，汉民族的人口迁移运动，也不再表现为以中原为唯一中心的"波浪式离心运动"，而是以秦岭、淮河一线为界，相当明显地区分出北方和南方两大地域系统。秦岭—淮河线是历史上形成的中国北方与南方的重要的自然及人文地理的分布。从自然地理来说，此线是东部季风区域内亚热带湿润地区与温带亚湿润地区的界线；从历史上看，此线又多次成为南北对峙政权（例如南宋与金）的分界。此线南北，虽然都属于宜农的东部季风区域，但南方多稻米，北方多旱作。民情习俗等，也都有一定的差异。按照此线的划分，陕西、河南二省南部的部分州县显然应属于南方，而安徽、江苏二省淮河以北的地区应属于北方（按：习惯上以山东、河南、陕西、甘肃及其以北为北方，以江苏、安徽、湖北、四川及其以南为南方）。指出这一区分，是十分必要的。因为北方地区的人口迁移，很少越过此线而转向南方；南方地区的人口迁移，更少越出此线而向北。秦岭—淮河线虽然没有天险和人为的禁阻，却像一道无形的屏障，分隔了南北两侧人口迁徙的洪流。

北方的人口迁移，可以说仍是古代以中原为中心的辐射状外迁运动的继续，只是少了向南方的迁徙。

这一地区，在清代包括直隶、山东、河南、山西、陕西以及甘肃东部，是我国历史上农业经济最早发展和文化最为发达的地区，也曾是我国历史上人口最为密集的地区。这里与东北、内蒙古地区壤地相接，并以河西走廊与新疆地区相通。中原地区曾经是林木茂盛，土地肥沃，自然条件十分优越。但经过数千年的开发，又屡经战乱，加之气候条件长期以来由暖转冷、由温转干的演变，生态环境遭到严重破坏。明清之际，直隶、山东、河南等省已是每遇天灾人祸，往往赤地千里。进入19世纪后，山西、陕西及甘肃东部的自然条件也开始明显恶化。在人口增殖和生态环境恶化的双重作用下，上述地区成了清代中国北方人口外迁的主要源地。"哥哥你走西口，小妹妹我实在难留！……"广泛流传在山西、陕西及直隶北部的民歌《走西口》，以其婉转、凄楚的旋律，道出了千百万黄河儿女背井离乡外出谋生的艰辛，同时也表达了他们面对艰苦人生的坚韧不拔的意志。

　　清王朝的建立，使得东起库页岛，西至巴尔喀什湖的广大北部边疆地区尽入版图。它不但消除了多少年来北方草原民族与中原汉民族的相互敌对的局面，而且促进了北部边疆地区与内地的经济、文化联系，从而为具有先进文化的汉民族人口向边地的迁徙创造了有利的条件。然而清王朝毕竟是由少数民族入主中原而建立起来的王朝。出于统治集团自身利益的考虑，它对汉民族人口的外迁基本上不持鼓励、欢迎的态度。长期以来，黑龙江及新疆的边远地区，只是作为罪流充军等强制性移民的处所。对向奉天、吉林的人口迁移，除清初一个短时期外，一直加以限制或禁止。对向长城以北内蒙古地区的人口迁移，虽能网开一面，但也严格加以控制。对向西北新疆地区的移民，政府倒是提倡的，却因新疆本身自然条件的限制，加之路途遥远，交通不便，没有取得什么实质性的效果。这一状况，直到第二次鸦片战争清政府为资本主义列强所战败，又丧失了东北和西北的大片领土后，才有所转变。

偷渡闯关，移民东北

东北是满洲贵族的"龙兴之地"。在外兴安岭以南、大兴安岭以东直至库页岛的广大地区，设有奉天、吉林、黑龙江等三个将军辖区和奉天、锦州二府。这一地区，虽然直到20世纪初才正式建省，但清代前期就已统称"东三省"，从而表明了它们与内地18省的相等地位。东三省南部的奉天地区，人烟较密。那里的编户齐民，均隶属于州县，而以奉天府统辖之。奉天地区在明代本属山东省地，州县设立与内地18省同，是毫不足怪的。北部的吉林、黑龙江，"地阔人稀"，从事游牧和渔猎的原始居民人口极少。

清政权早在入关之前，经努尔哈赤、皇太极两代人的反复征战，已将东北全境尽入其版图。此时清政权为与明王朝角逐，"常恨民少"，不惜到处掳掠人口。不仅散居东北各地的各族人民，包括原居住在辽东的汉民，成了清王朝的子民，关内诸省的大量人口也遭掳掠。其结果，辽东地区（后改称奉天）人口急剧膨胀，而东北其他地区人口更显稀少。清廷迁都北京时，八旗官兵及其眷属上百万人"罄国入关"、"尽族西迁"，一度人丁茂盛的辽东也出现了田园荒芜的景象。为了巩固自己的战略后方基地，清政府从顺治元年（1644）到康熙六年（1667）的20余年间，一直在辽东招民开垦，吸引关内的汉族人口前往居住耕作。顺治十年（1653）正式颁布《辽东招民开垦例》，除给应募者种种优惠外，且以招民多少作为授予文武职官的依据。结果，"燕鲁穷氓闻风踵至"，辽东经济得到一定的恢复和发展。

随着清王朝对关内各省统治的巩固，加之"关外民人聚积日多，物价较前昂贵，于旗人生计未免有碍"，清廷改变了进一步开发辽东的初衷。康熙七年（1668）正式下令停止招民开垦，实行封禁政策，以确保其祖宗肇迹兴王之所的纯洁性。用于封禁的柳条边（柳条篱笆）绵亘千里以上，花了数十年时间才陆续完成。

奉天以北的吉林、黑龙江地区，在清代初叶是发配罪犯的主要处所。据《清史稿·刑法志》记载，发遣的罪犯，起初都是安插在尚阳堡、宁古塔和乌喇等地。后并发齐齐哈尔、黑龙江、三姓等处。康熙年间，因科场文字狱及通海反叛等案流徙到吉林、黑龙江的罪犯及其家属，已达数千人。这些强制性的移民中，不乏具有较高文化素养的失意官吏和倒霉文人。流放罪人大多拨给八旗兵丁为奴，或当苦差，或任驿卒。如吴三桂的旧部884户就由云南发配至嫩江一带充当驿卒。发配的汉族官员和文士，则往往成为当地八旗子弟的汉语教习。

流人为东北地区的开发做出了贡献。宁古塔地方，顺治十二年（1655）时尚无汉人，五年后已是关内各省无省无汉人。再过十数年，"商贩大集，南方珍货，十备六七，街肆充溢，车骑照耀，绝非昔日陋劣光景"。人气的聚集，甚至还促进了当地气候小环境的改善。吴振臣的《宁古塔纪略》中提及，宁古塔地方原本奇寒，"近来汉官到后，日向和暖，大异曩时。满洲人云：'此暖系蛮子带来。'可见天意垂悯流人，回此阳和也"。

由于原住吉林、黑龙江的八旗劲旅被陆续抽调到其他地方，汉族罪流人口积年上升，东北地区人口的民族构成终于发生了重大变化。这一状况引起了清朝当局的不安。乾隆元年（1736），黑龙江将军那苏图奏报："出征打牲兵丁，多系单妻幼子，散处山谷，将发遣人犯拨给为奴，恐难管束。"皇帝为此发布上谕："黑龙江、宁古塔、吉林乌喇等处地方，若概将犯人发遣，则该处聚集匪类多人，恐本地之人渐染恶习，有关风俗。朕意嗣后如满洲有犯法应发遣者，仍发黑龙江等处外，其汉人犯发遣之罪者，应改发于各省烟瘴地方。"不久，西域平定。汉族罪犯也开始流徙到新疆等地。但吉林、黑龙江发遣人犯，直到嘉庆二十五年（1820）才最后停止。

四　闯关东，走西口

在乾隆、嘉庆年间，清政府多次发布和重申关于清查惩戒和禁止流民阑入东三省的各种法令。但汉族移民仍不断非法前往。陆路上，直隶、山东等省流民不断由山海关、喜峰口、古北口等处"闯关"，海路上，山东登、莱二府与辽东半岛一衣带水，顺风扬帆，一日可至，偷渡者络绎不绝。有关官员默认既成事实，并不实力查禁，以致每查办一次，就增出新来流民数千户之多。而每遇内地灾荒之年，贫苦流民拖家携眷，纷纷到关外求食，当局又不能不网开一面。各种关卡乃至柳条边，均形同虚设。连乾隆帝也自嘲"其设还与不设同"。

事实上，东北社会经济生活的正常运行，根本离不了关内来的汉族人民。正如奉天将军何兰泰所说："商贾、工匠及单身佣工五项之人，为旗民所资借，势难禁阻"。乾隆十三年（1748），仅吉林、宁古塔及船厂地方聚集的商贾、工匠、佣工等已达三四万人，多来自直隶、河南、山东、山西等省。

在对汉族移民人口严加限制的同时，为解决京城及附近地区闲散旗人的生计，清政府曾先后数次组织过"京旗移垦"。这是一项耗资甚巨，收效却不怎么显著的移民措施。由于这些闲散旗人过惯了城市寄生生活，不善于也不屑于从事耕作，多将屯垦视做畏途。只是在政府给予优厚的补贴，又准许契买奴仆，或觅长工代其耕作的情形下，才勉强陆续安置了一些人。据统计，从乾隆初到道光时，即1740～1840年的一百多年间，移住东北各地（主要为中部的阿城、五常、双城地区）垦殖的旗人计5185户。不过，为之所吸引的汉人，据认为已数十倍于移垦旗民的人口。这可是出乎统治者意外的收获了！

然而总的说来，在19世纪50年代太平天国战争爆发以前，东北地区内地移民最多、开发程度最高的，仍仅是南部奉天的一隅之地。这是清朝当局对汉族移民人口的既成事实加以承认但又设法予以限制的结果。乾隆帝对此曾解释说："盛京地方与山东、直隶接壤，流民渐集，若一旦驱逐，必致各失生计，是以设立州县管理。至吉林，原不与汉地相连，不便令民居住。"尽管如此，吉林西部还是先后设立了吉林厅、长春厅和伯都讷厅，以便管理日益增多的汉族移民人口。而吉林东部的滨海地区和整个黑龙江流域，则继续维持着人烟稀少的状况。

8 春去秋归，雁行塞北

直隶、山西等省长城各口以外的内蒙古地区，清初时已有华北各地的汉族人民前往垦地、经商或从事手工业劳动。"闯关东"（出古北口、喜峰口和山海关）的行列中，有不少实际上只是到内蒙古东部的昭乌达盟等地。还有不少人则以"走西口"（出山西之杀虎口）的方式来到归绥与河套地区。先是春去秋归，谓之"雁行"客户；久了，也有不少定居下来。

到口外内蒙古地区谋生的汉民中，首以山东人为多。早在康熙五十一年（1712），山东人往来口外者，就已多至10余万。其后,直隶、山西人也大批来到口外。陕西的延安、榆林二府,紧邻内蒙古的伊古昭盟,地处沿边,土多沙漠,农民全靠耕种口外的田地维持生计,春去秋归,习以为常。民国《续修陕西通志稿》更明确指出:"榆林近边六县(榆、府、神、横、定、靖)居民生计多恃租种蒙地,计东西广千余里,南北袤百里、二百里不等。名为蒙地,实汉、唐之上郡、朔方、胜、夏各州地也。清初边民租种,至乾隆、道光以后租垦益多。"

至迟在康熙年间,东起昭乌达盟、卓索图盟,西迄河套的广大地区,都已出现了大片的农田。这类农田的大量出现,有些是出于统治者的提倡。如康熙三十七年(1698)的上谕即指出:"敖罕、奈曼等处田地甚佳,百谷可种。如种谷多获,则兴安等处不能耕之人,就近贸易贩籴,均有裨益,不须入边买内地粮米,而米价不至腾贵也。"有些则是蒙古贵族贪利所致。如乾隆十四年(1749)的上谕指出:"康熙年间喀喇沁扎萨克等地方宽广,每招募民人,春令出口种地,冬则遣回,于是蒙古贪得租之利,容留外来民人,迄今多至数万。"正是这些农田吸引了大量的内地人口。乾隆帝在后来总结道:"古北口外一带,往代皆是岩疆,不敢尺寸逾越。我朝四十八部子弟臣仆,视同一家。沿边内地民人前往种植,成家室而长子孙,其利甚溥(pǔ,音普)。"

虽然清朝统治者经常强调"蒙古本我一家,休戚相关",但在清代前期,对蒙汉两族人民的交往,还是注意防范的。如康熙帝就说过:"伊等(引者按:指往来口外垦地的山东民人)皆朕黎庶,即到口外种田生理,若不容留,令伊等何往?但不互相对阅查明,将来俱为蒙古矣!"

为了加强对进出口汉民的管理,雍正年间,陆续设古北口、张家口、归化城三同知管理。后又各增设通判、巡检等官员。到了嘉庆十五年(1810),户部遵旨奏报,概述了三地区在百年间的发展:"归化城种地民人由该同知、通判等各按所管地界,照编造保甲之例,每年将旧存人数若干,新到人数若干,回籍、病故人数若干,均注明系何州县民人,造册咨部查核。古北口以外滦平、丰宁二县,向系土著民人按册输粮。热河迤北一带,系蒙古外藩游牧处所,自乾隆四十三年(1778)改设州县以后,民人集聚渐多,山厂、平原设说行开垦,均向蒙古输租。有家资稍裕,搬移眷属者,亦有偶值歉收投亲觅食者。张家口地方偏僻,关外东口两沟虽有山坡垦种,地亩无多,数十里外即系游牧草场,并无可垦,亦无村落。其商贩往来俱由都统衙门给与照票,其余只身出入民人,亦俱取具关内铺户保状,方准放行。"

上述三处是官方正式承认的汉族农业移民区,规模有限,只占用了少量的牧场。但当越来越多的汉族移民非法迁入内蒙古草原,并从寺院和蒙古王公那里租种土地后,蒙古的牲畜放牧地区渐渐缩小了。清政府不得不下令对移民和垦地予以严格限制。乾隆十三年(1748)限汉人所典蒙古地亩还给原主,旗下公地不得由兵丁令民人开垦取租。乾隆三十七年（1772）限口内民人不得出边在蒙古地方开垦荒地。嘉庆十二年（1807），不准私行耕种租佃撂荒地亩。嘉庆十六年（1811），又限定垦界，不准增开，禁止民人私行耕种。有关禁令的不断重申，反映了汉族人口不断移往口外进行垦殖的根本事实。

根据对19世纪初归化城六厅、赤峰地区、丰镇厅等处汉族人口的不完全统计，有人估计当时在内蒙古地区（按现政区）的汉族人口最少也有百万，与分布在该地区的蒙古族人口约略相等。这个估计是可信的。但必须强调指出：汉族移民人口实际上仍多集中于上述三个地区，离长城各口不远，与直隶、山西壤地相接，且在行政上受这两省管辖。

4 辟土西域，屯垦新疆

西北的新疆地区，与东三省遥遥相对。在西迄巴尔喀什湖和葱岭的广大区域内，由横贯东西的天山山脉将其一分为二。天山以北为准部，为厄鲁特蒙古准噶尔部的游牧之地；天山以南为回部，主要分布着以绿洲农业为生的维吾尔等族人口。18世纪中叶，清廷平定准、回二部以后，除在巴里坤、乌鲁木齐等地置镇西府、迪化州内属甘肃省外，特设总统伊犁等处将军，统辖天山南北各新疆地方官兵调遣事务。又设参赞大臣、办事大臣、领队大臣、章京、粮员同知及满汉营官负责具体管理。对于准、回二部的"恭诚投顺者",清廷还给予封爵,准许世袭,并设分理回务诸扎萨克、伯克以统理其众,分境钤辖,一如内地。

乾隆二十四年(1759),清廷统一全疆时,所统计的回部人口约 26 万余人。准部人口在极盛时曾有众 20 余万户,60 余万口。据魏源《圣武记》记载:清军平准时,"料数十万户中,先痘死者十之四,继窜入俄罗斯哈萨克者十之二,卒歼于大兵者十之三"。照此说法,人口存者仅六七万人。以后由于驻军和内地移民屯垦,新疆人口有所增加。1820 年前后,统计的民户已达 9 万余户,47 万余口。另有记载表明,伊犁将军直接统辖的兵员及其眷属已达 9.8 万人,其他地区驻军约 1.2 万人。若再加上大量未经统计的各族人口,总人口大约在 100 万人以上,已超过准部极盛时该地区的人口规模。

内地向甘肃西部及新疆地区的移民运动,大约始于康熙末到雍正年间,主要是清政府所发动的为军事服务的屯垦移民。康熙五十五年(1716),尚书富宁安等勘明哈密所属布营鲁儿、图古里克接壤之处,并巴里坤、都尔博勒金、喀喇乌苏,及西吉木、达里图、布隆吉尔附近之上浦、下浦等处"俱可耕种"。清廷当即下令准备口粮、牛种等予以耕种,兵丁有愿耕种者亦令耕种,"俟收成后,以米数奏请议叙"。雍正元年(1723),由于布隆吉尔驻军俸饷由内地转输,多所不便,清廷又下令:"于每营拨余丁二百,每相官给牛二头、籽种四石、口粮三石;次年给半;三年但给籽种之半;嗣后勿给。其由即为耕者恒产。无论米、麦、青稞，计收三石，以为兵丁月饷。"这是军屯的开始。

第二年，清廷令直隶、山西、河南、山东、陕西五省，连家口发遣的军流人犯，往西宁开垦。雍正七年（1729），又招募民人开垦安西、沙州等处。雍正十一年（1733），安西的上浦、下浦已分立五堡，安置回民2337户，9264人。

军事行动的本身，更直接吸引了大批流动人口。据记载，雍正末年在肃州一带，"运粮车夫、采割草束夫役，俱系陕甘无业贫民，流寓佣作，以为度日之计，不下万人"。

乾隆七年（1742）甘肃巡抚黄廷桂疏称："甘肃地处边徼，从前土旷人稀。我朝定鼎以来，流亡渐集。"到乾隆中期，该省的统计人口已超过陕西。

乾隆中期，天山北、南两路次第平定，新疆地区的移民也开始逐渐增多。

原住黑龙江地区的索伦兵（达斡尔、鄂温克）长于骑射，骁勇善战，有数千粗壮男子被轮番征调参与平准之役。乾隆二十七年（1762），因不堪频繁换防跋涉之苦，乃请求携眷定居新疆，第二年获得批准。西迁的男女老幼2000余人经过整整两年的长途跋涉，方于乾隆三十年（1765）到达伊犁。原驻防盛京地区的锡伯官兵及其家属计4000余人于乾隆二十九年（1764）春自盛京出发，途径乌里雅苏台等地，亦于乾隆三十年进入新疆塔城地区，不久又移驻伊犁河南岸。

原受准噶尔部压迫而西迁伏尔加河流域的厄鲁特蒙古土尔扈特部，则于乾隆三十五年（1770）启程来归。该部原有3300余户，16900余口，在俄军的围追堵截下付出巨大牺牲，及至翌年到达伊犁时，仅存其半。

为维持当地驻军的生计，在新疆地区除进一步扩大军屯外，又增设了犯屯和民屯。乾隆二十四年（1759），经军机大臣会同刑部定议，"将减死远遣之犯，改发巴里坤一带安插"。乾隆帝称此举"以新辟之土壤，佐中原之耕凿，而又化凶顽之败类为务本之良民，所谓一举而数善"。这些人犯在刑满后被准许加入民籍，在新疆地区就地安插，指给地亩耕种纳粮。

乾隆时期还进一步筹划将内地无业贫民移殖新疆。乾隆二十五年（1760）上谕："令乌鲁木齐、辟展各处，知屯政方兴，客民已源源前往贸易，茅檐土锉，各成聚落。将来阡陌日增，树艺日广，则甘肃等处无业贫民前赴营生耕种，污莱辟而就食多，于国家牧民本图大有裨益。"次年，以乌鲁木齐地方可垦土地甚多，命招募内地无业穷民前往垦种。乾隆三十六（1771），又谕陕甘总督明山，设法劝导无业贫民移植新疆以资生养。

在新疆的屯垦事业中，还有就近招募维吾尔人的回屯之设，也在一定程度上强化了新疆各地区间的人口迁移。

乾隆帝在其晚年谈及当时人口日增、耕地日蹙的情形时曾自诩"犹幸朕临御以来，辟土开疆，幅员日廓，小民皆得开垦边外地土，借以暂谋口食"。然而在他当政时所开辟的只是西域新疆。由于该地的自然条件并不理想,加之距内地过远,交通不便,接纳人口极为有限。嘉庆二十五年(1820),著名文学家、政论家龚自珍在其《西域置行省议》一文中,曾对乾隆以来新疆的移民屯垦作了如下的批评:"嘉峪关以外,镇将如此其相望也,戍卒如此其夥也,燧堡如此其密也,地纵数千里,部落数十支,除沙碛外,屯田总计,北才238632亩,南才49476亩,合计才288108亩。田丁,南北合计才103905名,加遣犯有名无实者204名。若云以西域治西域,则言之胡易易。今内地贵州一省,每岁广东、四川皆解饷以给。贵州无重兵,官糈兵粮入不偿出,每岁国家赔出五六万两至八九万两不等,未尝食贵州之利。内地如此,新疆尚何论耶?"

为了解决内地各直省"生齿日益繁,气象日益隘",还要赔出巨款供养新疆驻军的矛盾。龚自珍提出"人则损中益西,财则损西益中"的方案,向新疆大力移民:"应请大募京师游食非土著之民,及直隶、山东、河南之民,陕西、甘肃之民,令西徙。除大江而南,筋力柔弱,道路险远,易以生怨,毋庸议。云南、贵州、两湖、两广,相距亦远,四川地广人稀,不宜再徙。山西号称海内最富,土著者不愿徙,毋庸议;虽毋庸议,而愿往者皆往。其余若江南省凤、颍、淮、徐之民,及山西大同、朔平之民,亦皆性情强武,敢于行路,未骄惯于食稻衣蚕,地尚不绝远,募之往,必愿往。江西、福建两省,种烟草之奸民最多,大为害中国,宜尽行之无遗类。与其为内地无产之民,孰若为西边有产之民,以耕以牧,得长其子孙哉!"

应该说，龚氏的分析是鞭辟入里的。但其过分理想化的方案只能是纸上谈兵了。

道光十四年（1834），因内地民人已有自发前往回疆（南疆）各城营生谋食者，清廷决定在回疆招民开荒，"日久可成土著，俾得安所乐生"。道光二十五年（1845），考虑到"将来内地无业贫民，纷至沓来，易滋扰累，不但回民生计日蹙，恐至别生事端"，清廷又打算"以回易民，令其就近承种，尤可日久相安。彼时即可将认垦民人，陆续安遣回籍，亦属一劳永逸，庶无后患"。

对于前赴回疆领地耕种的内地民人，陕甘总督布彦泰曾设想由各省官为资送。但署理四川总督廉敬力排此议："若官为资送，则无业游民，势必藉赴回疆为名，希图领费，甚至不肖之徒，或半路折回，或潜往他处，既不能按户查追，又不能逐程押送。"结果廉敬的意见得到皇帝的赞同。四川安县（属绵州）、彭县（属成都府）二处，已有"呈报愿携眷属前往种地民人"，最后只是"由该地方官印行路票，发交该民自行前往"。

迟至咸丰年间，新疆招内地民人开垦的计划仍在执行，并准其携带眷属。咸丰元年（1851）时，官方统计的巴里坤、乌鲁木齐等地内地移民人口达27.8万人，咸丰七年（1857）更增至31.0万人。这也是新疆地区在大动乱之前有关内地移民的最后统计。根据这一统计，6年平均年增长率高达18.3‰，说明此时陆续迁入的人口仍占有相当的比重。

五 填四川，下南洋
——南方人口迁移概观

> 一切官员及军民人等，如有私自出洋经商，或移往外洋海岛者，应照交通反叛律，处斩立决。
>
> ——《大清律例》

1 江南独为财赋之地

秦岭—淮河一线以南的南方地区，其人口自唐宋以来，已逐渐超过北方。在政区的设置上，南方也是逐渐增多，而且愈分愈细。清代前期设置的18省中，位于南方的就有12个。南方各省气候暖湿，自然条件优越，再加上开发相对较晚，土地所能承受的人口容量要比北方各省大得多。因而在人口增长方面，也表现出明显的南北差别。如以山东、河南、陕西、甘肃及其以北地区为北方，以江苏、安徽、湖北、四川及其以南地区为南方，可以发现：南方人口的增长速度要大大超过北方。与此相应的是，南方人口比重不断上升,北方人口比重连续下降。1749年,南方各省人口占总人口的比重为58.8%;1776年,上升为63.3%;1812年,上升为66.8%;1850年,更增为70.8%。南与北人口之比为7∶3。南北人口比重如此悬殊,在中国人口史上空前绝后。也许正因为如此,美籍学者何炳棣教授才提出了"1850年前后中国的稻米栽培似已达到其饱和点"的著名论断。而稻米栽培正是南方各省农业生产的主要表征。

然而南方各地区人口与经济发展的程度很不一致,再加上明清之际以及康熙年间平定"三藩"之乱两次大规模战争所造成的区域性人口损失,就使得南方地区的人口迁移表现出与北方有种种不同的特点。

首先,南方地区没有一个明显的人口迁出的中心源地。与北方人口始终以中原地区(在清代主要是山东、直隶、河南三省)为源地,向边疆地区扩散的表现不同,南方地区不存在这样一个明显的、相对持续稳定的人口迁出中心。清代南方人口最为稠密的江苏、浙江、安徽三省(同时也是全国人口最为稠密的地区),人口外迁的比重要比上述北方三省小得多。不仅如此,由于位居三省中心地带的江南地区商品经济及文化的发达,城市化程度极高,反而吸引和容纳了大量外来人口。湖南、湖北、江西三省,一方面有大量人口迁往西南的四川、云南、贵州等省,另一方面它们各自的边远山区也接纳了来自邻省和本省平原地区的相当多的人口。真正的纯人口迁出地区,不在南方的腹地,而是在福建、广东二省的沿海。除了向各内地省份,主要是西南方向迁移外,这里的人们有很多跨上了向台湾和海外迁徙的航船。但它们在整个南方地区的人口迁移运动中也远未占据主导地位,最多只能算是向海外迁移的"中心源地"吧!

其次,相应的,南方地区也没有长期稳定的移民迁入区域。南方12省面积有限,只占清代全盛时期总面积的21%左右,不存在像北部边疆地区那样极其广袤且人口密度极低的区域可供长期开发。南方的一些人口迁入区域,如台湾等地,往往都只能维持一个不太长甚至极短时期的人口入迁局面。四川是清代前期历时最长,容载量最大的人口迁入地区,但官方公开招徕移民的时间也很有限,仅康熙一朝而已。雍正时已不提倡对四川移民。乾隆初,政府对移民不再负责安排。乾隆末,四川人口已有外迁的记载。因此,自乾隆后期起,在向四川、台湾等地人口迁移高潮已过,而向海外迁移途径又长期处于非法、不畅的状态下,南方人口大量自发地向西南少数民族地区和各省边远山区迁徙,从而使整个南方地区的人口密度在太平天国战前达到了历史最高水平。

南方以长江流域,尤其是下游的江南地区最为富庶。自唐宋以来,江南已逐渐取代中原而成为中国的基本经济区。明清时期,这一地区社会经济更加发展,中央政权的财政,几乎是"独倚东南"。到了清代,有人统计,江苏布政使司所属的苏、松、常、镇、太等四府一州地丁漕粮等项总计比浙江多1倍,比江西多3倍,较湖广多出10余倍。而这五属与浙江的杭、嘉、湖三府漕粮总额竟高达全国3/4。江南地区能够承担如此重负，与这一地区商品经济的高度发达是分不开的。

江南地区人口高度密集，城市化程度也最高。以江苏南部为例。前面所说的江苏布政使司的五属再加上江宁布政使司所属的江宁府，在总计34700平方公里的有限土地上（含水域面积），竟分布着41个州、县、厅，其中有一些还是数十万人口乃至百万人口的大城市。太平天国战前的咸丰二年（1852），南京城内的人口已达90万人。苏州府城，是吴、元和、长洲三县县治所在地，又是江苏省会，此时人口估计也近百万。州县城而外，还有众多的市镇。据李鸿章在同治二年（1863）的追述，太平天国战前"苏省民稠地密，大都半里一村，三里一镇"，市镇分布极为稠密。整个江南地区（苏南、浙西、皖南），见于方志记载的市镇就达1300多个。而且这些市镇都具有相当的规模，数万人口的大镇比比皆是，有的竟超过县城。

江南地区不仅城镇人口从事工商业，乡村人口的就业机会也因此而增加。明清两代，乡村人口中真正从事传统农业生产者极少。传统稻米等粮食作物的收成，除了输租纳赋外，几乎已一无所有。农民的生计主要靠经济作物的种植和家庭手工业。早在康熙年间，松江府已经有百分之六七十的乡村人口不再从事传统农业生产。由于经济作物与家庭手工业比传统农业能够吸引更多的人口，在整个太平天国战前时期，我们极少看到这一地区有人口外迁的记载。反而是它的高度发达的商品经济吸引了大量的外府州、外省人口。

江南地区城镇人口来路复杂，往往只能用"五方杂处"、"五方群萃"等语加以概括。苏州的染坊踹（chuài，音揣，去声）布工匠，都是来自江宁、太平、宁国等府，在苏州没有家室，但早在雍正年间其总数就已达到 2 万多人。纸坊工匠，则多来自无锡、金匮等县。富庶的江南地区还是安徽、江苏北部农村人口逃荒糊口的理想去处。皖北一带，每到严冬，饥民四出，但按惯例一到扬州地界，便遭到截留养赡。苏北村民，每遇荒年，往往扶老携幼，到苏州谋食糊口，也早已相沿成例。

② 湖广填四川

西南的云南、贵州、广西、四川等省，是明末抗清斗争的最后战场，又是"三藩"之乱的根本所在，几经战乱，"地方残坏，田亩抛荒，不堪见闻"。其中又以四川人口损失最重。因而向四川的人口迁移，成了清代前期南方地区强度最大、持续时间最长的人口迁移运动。

号称"天府之国"的四川在明清之际人口损失极为惨烈。民间于此曾有"张献忠屠蜀"的传说。但此说并不符合实际。倒是雍正帝在《大义觉迷录》一书中的说法较客观些："是时（指明末）边患肆起，倭寇骚动，流贼之有名目者不可胜数。而各村邑无赖之徒乘机劫杀。其不法之将弁兵丁等又借征剿之名，肆行扰害，杀戮良民请功，以充获贼之数。中国民人死亡过半。即如四川之人,竟致靡有孑遗之叹。其偶有存者,则肢体不全,耳鼻残缺,此天下人所共知。康熙四五十年间,犹有目睹当时情形之父老垂涕而道之者。"

顺治三至六年(1646~1649),四川全省大饥,人相互食。顺治七年(1650),南充知县向上级汇报了招徕人口及其损失情况:"原报招徕户口人丁506名,虎噬228名,病死55名,只存223名;新招人丁74名,虎噬42名。"南充为顺庆府城所在,地处四川盆地,其招徕人口竟然被老虎吃掉一半。当时的荒芜残败景象恐怕今人已很难想象了。

由于人口损失惨重,从顺治末年到康熙初年,成都府和重庆府各有5个县被裁并,直到60多年后的雍正年间,才又陆续恢复或另置。康熙十年(1671)时,四川全省还是"有可耕之田,而无种田之民"。损失的人口中,除死亡者外,有相当一部分流落到其他省份。康熙初年,一位官员就已指出:"蜀民流寓各地,皆缘地方未靖。若故里宁谧(mì,音密),自欣然乐归。"他并指出:四川逃亡外出的人口,以陕西为最多,湖广、云南、贵州也有一些。

为了尽快恢复四川的社会经济,康熙七年(1668),清廷动员各级文武官员捐资迁移四川流民归籍,并予以奖励。招回之民则"责令地方官安插"。康熙十年(1671)规定"各省贫民携带妻子入蜀开垦者,准其入籍"。康熙二十九年(1690),又明确规定四川"流寓之人愿在居住垦荒者,将地亩永为世业","川省民少而荒地多,有情愿往川垦荒居住者,子孙准入籍考试。如中式后回籍并往别省居住者禁止"。这一系列优惠政策,目的都在于吸引四川流民及外省客民进入四川。

根据方志的记载,此时入川的外省客民,大邑县"率多秦、楚、豫章之人",即来自陕西、湖广和江西等省,其他尚有贵州、广东、福建乃至山西之人。苍溪县的人口中,本省农民占十之四五,湖南省籍占十之三四,广东、贵州、福建省籍占十之一二。从总体来看,客民中以湖广(湖北、湖南)人为最多,或谓"携家入蜀者不下数十万"。因而民间长期流行着"湖广填四川"的说法。

雍正年间,外省客民继续涌入四川。湖南郴州永兴人曾静说:在雍正四五年之间,湖广、广东等处百姓搬家常有从他家门口经过的。雍正五年(1727),川陕总督奏称:"外省人民挈家入川者甚多。皆称系上年湖广、广东、江西、广西等省逃荒之人,请设法安插以为生计。"雍正帝对此极为不满,他在"上谕"中指出:"去岁湖广、广东并非甚歉之岁,江西、广西并未题成灾,何远赴四川者如此之众?……此等远来多人,良奸莫辨。其中若有游手无赖之徒,不行稽查,必转为良民之扰。且地方官坐视百姓远徙于异乡而不轸念,不可不加惩戒。其令四川州县将入川人民逐一稽查姓名籍贯,果系无力穷民即留川令其开垦。所用牛种口粮目前将公项给发,即着本籍州县官照数补还。如此则游惰之民不致冒混,而地方官亦知所儆戒,共以爱养百姓为务，可杜流移之患于将来矣。"

但雍正帝设想的措施并未取得实际效果。在雍正到乾隆初的一个时期，闽粤二省几乎每年都有成批的贫苦百姓"挈伴入川"。雍正时，广东省仅潮、惠二府和嘉应州进川人户，一县之中，至少也有千人以上，总计则不下万余。在乾隆八年到十二年的五年间，广东、湖南二省人民，"经由贵州前往四川者共二十四万三千多人。自陕西、湖北而往者，更不知有多少"。

乾隆初年四川可垦荒地已急剧减少，政府对自发移民也不再负责安排。乾隆四年（1739）规定："贫民入川垦地者，听其散居各府州县，佃种佣工，为糊口之计"。有关疆吏因外省移民过多，曾奏请予以制止，但乾隆帝不许，一再强调："今日户口日增，而各省田土不过如此，不能增益，正宜思所以流通，以养无籍贫民。""况此等无业贫民转徙往来，不过以川省地广粮多，为自求口食之计，使该省果无馀田可耕，难以自赡，势将不禁而自止。若该处粮价平减，力作有资，则生计所趋，又岂能概行阻绝？"

到19世纪初，四川已有人满之叹。道光《新都县志》说："昔之蜀，土满为忧；今之蜀，人满为患。"道光《安乐县志》称："邑境高地水田，山头荦（luò，音洛）确，开垦殆遍，几于野无旷土矣。"四川大约自18世纪末已有农民纷纷向陕南的汉中、兴安等府县，以及其他省府移垦。往本省周边山区迁徙的也不在少数。由此可见，龚自珍《西域置行省议》中所谓"四川地广人稀"，已不符合当时实际。但直到19世纪中叶，四川依然是外省人向往的地方。湖北巡抚胡林翼在致湖广总督官文的信中说："西蜀之富，五倍于两淮，十倍于江西，二十倍于湖北。"此说看来有过分夸张之嫌，但它道出了"天府之国"的四川在当时人们心目中的地位。

3 大西南的进一步开发

西南各省，即云南、贵州、广西、四川，以及湖南的西部、南部，湖北的西部地区，有大量少数民族聚居或与汉族人口杂居的区域。元明时期，中央政权曾设立世袭的土司或土官（统称土司制度），以加强对上述地区少数民族人口的统治。清代以来，尤其是在雍正年间，大规模地进行了"改土归流"，相当一批土司地区改置府、州、厅、县。据不完全统计，雍正一朝，西南地区的土州、土府、长官司、宣慰司、安抚司、招讨司等土司被改流者达60多个。由于委派了具有一定任期的、非世袭的流官进行统治，这些地区在政权体制上也与内地一致起来，并加强了与内地省份政治、经济上的联系。"改土归流"的举措，为大批汉族移民人口入迁，从而进一步开发大西南创造了条件。

湖北西部的施南府，原为土司之地。雍正十三年（1735）建府后，"远人麇（qún，音群）至"，除本省平原地区人民外，还有四川、贵州、湖南、江西等外省人。

湖南西部的永顺府，土司改流之后，同于内地。

客民"相率来永置产,分住城乡村市"。永绥厅,地处湖南、四川、贵州三省交界,明代时为镇溪千户所、崇山卫之地,雍正元年置厅,"辖红苗寨二百二十有八",汉民则全为内地所迁入。与其壤地相接的凤凰厅,为镇筸(gān,音竿)总兵驻地,"辖红苗寨一百有五"。城中的住户,据已故作家沈从文介绍,"多当时派遣移来的戍卒屯丁,此外则有江西人在此卖布,福建人在此卖烟,广东人在此卖药……地方居民不过五六千,驻防各处的正规兵士却有七千。"

湖南南部的江华县,为瑶族聚居地区。自清初起,就不断有流民"就食开垦"。雍正、乾隆后,定居渐多,以至广西、江西和本省外府外县之人,竟占全部人口的60%。

四川南部的宁远府于雍正六年(1728)置府,"夷地招佃汉民开垦"。嘉庆十九年(1814),四川总督常明奏报:54处夷地内,共有汉民87689户,男女425247丁口。

贵州地区,一向"土瘠民贫,夷多汉少"。一些所谓"生苗"地界,甚至连土司也未建立起有效统治。自雍正年间鄂尔泰用兵"剿抚兼施"后,开辟了通向湖南、广东的水陆交通,汉族移民即由东向西,渐次推进。到了19世纪30年代,僻处该省西南的兴义府,也开始出现大批汉族移民。道光十四年(1834)的一份"上谕"指出:"有人奏:贵州兴义等府一带苗疆,俱有流民混迹。此种流民闻系湖广土著,因近岁水患,觅食维艰,始不过数十人,散入苗疆租种山田,自成熟后获利颇丰，遂结盖草房，搬运妻孥（nú，音奴）前往。上年秋冬，由湖南至贵州，一路扶老携幼，肩挑背负者，不绝于道，均往兴义等处……"

过了五年，贵州布政使贺长龄向皇帝汇报：贵州省一向有很多客民，兴义府尤其众多。自嘉庆年间平定"苗匪"之后，地旷人稀，经常有本省下游及四川、湖广客民携眷而来，租垦荒山，都是非常贫苦的人家。"终岁竭蹶，仅足糊口"。"兴义各属已无不垦之山，而四川客民及本省遵义、思南等处之人，仍多搬往，终岁不绝。亦尝出示饬属严禁而不能止。"有人曾对道光年间（1821~1850）贵州省各属的客民进行过统计，全省各属合计72388户，兴义一府即有25632户，占35.4%，雄踞各属之首。

云南省之乌蒙府在改流后，原土司之地即被定为水、旱、生、熟四项，"分给兵民保户及土人耕种"。临安府所辖10土司15掌寨地带，内地人民往来贸易像是织布的穿梭，而来自两湖、广东、四川、贵州等省，携带家眷定居垦荒者已占当地人口的十之三四。广南、普洱两府，也有"楚、蜀、黔、粤之民，携挈妻孥，风餐露宿而来"，"携眷依山傍寨，开挖荒土"。

广西在推行"改土归流"后，也有大量汉族移民人口迁入。据嘉庆《临桂县志》记载，嘉庆初年，"广西之境大约俍人（壮族）半之，瑶人三之，居民二之"。就是说，土著的壮、瑶等少数民族人口占绝对多数，汉族移民约占20%。但到道光年间，客籍人口的比重已急剧上升。据当时人记载，广西全省土著约占总人口的30%~40%，柳州、庆远、桂林、平乐四府，以湖南人移入最多，间有广东人，福建人较少；梧州、浔州、南宁、镇安、郁林等府州则以广东人移入最多，"垦荒贸易易占籍"，亦间有福建人。

钦州地区，在行政上隶属广东，"雍正初地尚荒而不治。自乾隆以后，外府州县迁居钦者，五倍土著"。十万大山一带，19世纪30年代以前尚有野象出没，此后则随着钦州地区的日见开发而渐趋灭绝。

上述迁入人口中，绝大多数是垦荒开山的农民，但也有一些是从事商贩活动的。在西南各省经商的，多为江西、两湖和广东的客商。西南地区的矿冶业也吸引了大批内地人口，尤其是云南的采铜业。来自川湖江广的大商巨贾携带巨额资本到云南开采，大厂动辄有十数万人，小厂也往往有数万人。不但本省的穷民，四川、两湖、两广的一些雇佣劳动者，也来做工求生活。云南有所谓"丁由利集，铜由丁出"的谚语。云南矿冶业在乾隆年间极盛，被它所吸引的各省"穷民"约有上百万人。

大批汉族移民人口源源进入西南少数民族人口居住区，给社会经济和治安都带来一定压力。由于和当地土著居民的利益发生冲突，械斗等流血事件也时有发生。因此，清廷自18世纪末叶起，尤其是19世纪初叶的嘉庆、道光年间，加强了对移民的控制和防范。

乾隆四十二年（1777），皇帝批准了云南省有关人口管理的办法。内中规定：在永昌之潞江、顺宁之绍宁等"通达各边总汇"之处，必须特派员弁专司稽查，

"遇有江楚客民即驱令北回"。对向来居住近边的汉族居民，或耕或贩，即查明男妇户口，照内地保甲例编造册档，并严禁与附近少数民族结亲。

嘉庆十九年（1814），四川总督常明申明禁令："嗣后无许无业贫民再行搬家赴建（按：指川南建昌道所属地区）潜入夷地。"对于已有种夷地的汉民，"遇有欲回原籍而土司夷人不能赎回原产者，只准册内有名之户承顶接管，不准册内［外］另招一人"。违犯规定者，都要照例惩治。

上述禁令和措施，既未能禁绝汉族移民人口向少数民族地区的流入，更未能防范民族冲突的发生。道光元年（1821）云南、四川边境地区夷汉之间发生了大规模流血事件。皇帝不得不下令："至此后汉民典押夷地，必当严行查禁，毋使仍蹈故习。"道光十四年（1834），当贵州兴义府等苗族居住区出现大批汉族外来流民时，皇帝又下令当地官员必须严行查禁，否则将来日聚日众，"难保无狡黠之徒，始以租种为名，继且据为己有，苗民受其盘剥，目前即幸相安，日久必致争夺"。但对此禁令的执行，看来也只能是有名无实了。

4 流民揽入封禁山

南方多丘陵山地，由于南方地区开发相对较迟，再加上气候条件较好（暖湿的东南季风影响强度大），这些丘陵、山地在清初时仍植被覆盖良好。明代中后期，美洲高产作物玉米、番薯相继传入中国；清代乾隆期，又得到进一步广泛传播。由于这些作物对土地的要求不高，也为清代南方人口向各省边远山区的迁移，提供了物质生活条件的基础。

雍正元年（1723），清廷以"国家承平日久，生齿殷繁，民食维艰"，下开垦之令。但当时还只限于在北方的山西、河南、山东等地劝谕开垦"闲旷土地"；以及在西南的云南、贵州二省广行开垦。乾隆五年（1740），谕准民间自由开垦山头地角零星地土，或照例升科，或永免升科，各就本省情形而定。历史学家罗尔纲对此评价极高。他说："这条法令，关系民生极大。因以前山头地角的土地，报垦则必升科，私垦则豪强首告争夺，以致人民退缩不前，坐令荒废。今制此法令，既定有升免之条，以宽民力；复有国家法律的保护，强豪不得首告争夺，所以人民始得踊跃从事。乾嘉道时代没有田地的穷人，得垦山以度日，便是出自此法令所赐。"

中国南方的各省区，除前已提到的西南地区外，东南各省，福建、广东、江西、安徽、浙江、江苏等省的边界地带，几乎都有大量未经开发的山地。明代时即已有人进行垦山等活动。入清以来，这类被称作"棚民"或"寮民"的入山流民，无论在地域分布或数量上，都大为增加了。他们或种麻、种靛（diàn，音店），或煽铁开炉，或造纸作菰（gū，音菇），或取香木舂粉，或砍柴烧炭。从各地方志的记载来看，这些入山流民，一般都来自相邻府州甚至相邻省份。

江西省南部赣州府属的定南县，"广东无籍穷民来此垦种，异籍环处"，"日渐繁剧"。西部吉安府的庐陵县，"闽、广流户动以万计，据山而耕，盘结滋蔓"。宁都州界连福建，来垦山者都是福建汀州府及漳、泉二府之人。该省西北，南昌府属的武宁县，嘉庆后"自楚来垦山者万余户，藂巘（cóngyǎn，音丛演）密嶂，尽为所据"，来者又为湖北人了。

浙江省处州府属的宣平县，乾隆县志称，外来租山种麻种蓝者，"闽人十居其七，利尽归焉"。道光县志则提及，乾隆末年，又有"安徽人来此向土著租贷垦辟"。龙泉县，则有福建、广东两省人来佃山，先种稻薯，后植杉苗。严州府各属，乾隆年间，江、闽游民入境，租山刨种玉米。湖州、杭州二府，在嘉庆末年，则有江苏之淮、徐民，安徽之安庆民，浙江之温、台民棚居山中，开种玉米。到道光末年，境内山地已垦种十之六七。

安徽省南部的徽州、宁国、池州等府山区，则有皖北人赁山垦种玉米。

江苏省江宁府属的句容县，道光年间有安徽省安庆人前来佃山，开创了在该地"易山为田"的先例。

河南省西南的南阳、汝宁一带"界连楚省，人鲜土著"，来垦荒者，多为两湖及江西之人。

四川、湖北、陕西三省边界的深山老林，包括由陕西南部至湖北西北部的南山老林，以及陕西南部经四川北部到湖北西部的巴山老林，约在乾隆年间得到开发。老林之中，地方辽阔，宜种玉米、荞豆、燕麦等,而"徭粮极微"。外来客民只要"给地主钱数串,即可租种数沟、数岭"。因此,"江、广、黔、楚、川、陕之无业者,侨寓其中,以数百万计"。他们除垦荒种地之外,"多资木箱、盐井、铁厂、纸厂、煤厂佣工为生"。

陕西凤翔、西安2府9县分段管辖的南山(秦岭),原为政府划定的封禁山区,严禁任何人员揽入。嘉庆四年(1799),为解决流民的生计问题,由皇帝亲自下令开禁。

江西、浙江、福建连界的武夷山,也被划作封禁山(因封禁年代久远,民间已讹作"风景山")。道光元年(1821),发现有流民潜入,伐木盖棚垦地。皇帝当即下令:"如人数无多,或派委妥员前往晓谕驱逐,若人数过众,则当妥筹良法,相机办理,不可操之过急,激成事端。"

从各省边远山区的人口构成来看,客民占多数甚至绝对多数。以陕西兴安府为例。乾隆五十三年(1788)时,"各县查报户口册籍……三十八万一百二十名口之多,较国初多至数倍"。嘉庆年间,已是"深山邃谷,到处有人,寸地皆耕"。嘉庆二十五年(1820),该府登记人口为121.4万人。32年间增长了2.19倍。该府西邻的汉中府,据称"老民十只二、三",其余都是乾隆以后移来的"新民"。嘉庆二十五年该府统计人口为154万多人。则移民人口至少在100万人以上。鄂西郧阳府属竹溪县,县志也称:土著只占其二,其余均为客籍。

棚民垦山带有很大的自发性，因此常造成破坏性的后果。道光年间，湖北汉水流域由于上游的老林地区广泛伐林和栽种玉米，泥水淤垫，几乎每年都造成堤岸漫溃。宜昌于乾隆初设府时，入山承垦者众多，老林初开，种植玉米可以"不粪而获"。"迨耕种日久，肥土雨潦洗净，粪种亦不能多获者"，往时人烟辏集之处，后来竟然都荒废了。咸丰元年（1851），浙江巡抚常大淳也奏称：浙江棚民开山过多，以致沙淤土壅，有碍水道田庐。但南方山区植被的恢复远较北方容易。因此，直到清末，南方山区仍然是能够吸引大批人口的地方。至于因避战而遁居山区者，更是不在少数。

5 台湾及南洋的闽粤客

向台湾和海外的人口迁移，主要限于东南沿海的福建、广东二省。

闽、粤二省，均多山地和丘陵，依山傍海，山多田少。而闽南之漳、泉二府与粤东之潮、惠、嘉应三府州，尤其"人稠地狭，田园不足与耕"。由于自然条件的制约，这些地区的真正优势不在陆地而在海洋。清初，顾祖禹在《读史方舆纪要》中曾说："（闽人）波涛玩习，占风候雨，机变如神。"另一位清初学者顾炎武的《天下郡国利病书》中则有"海者"闽人之地的说法。雍正初，广东人蓝鼎元也说过：闽、广人望海谋生者，十居五六。

从交通上看，闽粤沿海赴台湾及南洋诸岛，远比赴内地陆路方便、快捷。厦门到台湾，水路六百余里，顺风两日夜可达。特别是泉州之蚶江与台湾彰化之鹿港对渡，顺风半日就可到达。从广东的汕头到菲律宾的吕宋岛北岸，若利用季候风，三日也可到达。

　　清初，闽粤沿海和台湾一带是抗清斗争的重要地区，并曾取得南洋方面的支持。为此，清廷数次下迁海令与禁海令，以切断闽粤沿海与海外的联系。如顺治十八年（1661）的禁海迁界政策，"离海三十里，村庄田宅，悉皆焚弃"，"所有沿海船只，悉行烧毁"，"寸板不许下水，粒货不许越疆"，结果闽粤等沿海地区"千年生聚，一旦流离，死亡疾病，惨不可言"。《大清律例》中则规定："一切官员及军民人等，如有私自出洋经商，或移往外洋海岛者，应照交通反叛律，处斩立决。"地方官员知情不报或失察者，也要被处死或受到革职、降级等严厉处分。这一禁令，在形式上一直维持到光绪十九年（1893）才被豁除，在相当长时间内，给闽粤沿海人民生计造成极大困苦。蓝鼎元在《论南洋时宜书》中说："南洋未禁之先，闽广家给人足。游手无赖亦为欲富所驱，尽入番岛，鲜有在家饥寒窃动之患。即禁以后，百货不通，民生日蹙。""沿海居民萧条苓寂，穷苦无聊之状，皆因洋禁。"

　　两省人民在户口增殖、食指愈多的情形下，开始向外流迁。一是如前所说，流向四川、广西等内地省份和其他边远山区；一是在台湾内附而开禁后大批涌入台湾。还有一些则冒禁私渡海外谋生。

　　向台湾的较大规模的人口迁移，始于明末天启年间（1621~1627）。清初，郑成功统治台湾时，曾从大陆带去数万官兵及其眷属。清廷迁海令下，郑氏又招沿海居民不愿内徙者近十万人东渡台湾。清政府统一台湾后，很多郑氏官兵被迁回内地，不少百姓也回大陆与家人团聚，台湾人口一度减少。但不久即有大批闽粤贫民渡海来台。乾隆三十四年（1769）时，已有"闽人约数十万，粤人约十余万，而渡台者仍源源不绝"。据统计，台湾人口在康熙初年约有20万，乾隆中叶增至百万。嘉庆十六年（1811），全台汉人为24万余户，约200万人口。这是大陆人口迁台的高潮时期。在台移民人口中，以福建人占优势，其中又以闽南漳、泉二府人居多。

台湾之具有吸引力，是因为气候条件比内地好，庄稼容易生长，不需要付出太多的劳动。但随着大批大陆人口的流入，地主豪强勾结官府，加强了对劳动人民的剥削和压榨。农民除了要向包揽开垦的"垦首"交纳"大租"外，还要向直接经营土地开垦的"垦户"交纳"小租"。政府征收的田赋，也比内地多出一倍以上。阶级矛盾的激化，引发了18世纪末叶的林爽文起义。

嘉庆十七年（1812）后，户部《民数册》不再有台湾的人口统计。但据连横《台湾通史》记载，道光二十三年（1843）台湾人口约250万人，建省后不久的光绪十三年（1887）约320余万。平均年增长率为7‰（1811~1843）和5.6‰（1843~1887），虽然较大陆同期人口平均年增长率稍高些，但势头已大不如

18世纪。台湾在19世纪中并没有遭受到内地那样严重的天灾人祸，这样的增长率应该说是相当低的。它反映台湾此时已没有或很少有迁入人口。一些有去台人员记载的宗谱资料也表明：这些家族的去台人员一般止于嘉庆末年，以后的道光、咸丰年间，家族成员多流向南洋各地。台湾已不再是闽粤人口外迁的主要方向。

南洋，即今东南亚，是闽粤人口又一传统的外徙地。闽南人是南洋地区最早的拓荒者。菲律宾、印度尼西亚以及马来亚最早的华人移民都以闽南人为大多数，其次才为粤人、客家人等。清初虽颁有禁令，但下南洋者屡禁不绝。雍正五年（1727）浙闽总督高其倬等奏报：每当商船出洋之时，每船所报人数，连舵手客商总计，多者不过七八十人，少者六七十人，其实每船皆私载二三百人，最多的基本偷载至四五百人。到达目的地后，护照外多出之人，就留下不再回来了。偷渡者中，福建人约占十之六七，广东与江浙等省则占十之三四。此时的噶罗巴（即今之雅加达）已有华人数万人之多。

1852年，英国驻厦门领事馆的官员，对沿海人民偷渡外洋屡禁不绝的原因，曾作过如下的分析：中国政府所相信的自我陶醉神话之一，是以大皇帝治下的子民，谁也不愿脱离皇帝陛下如父如天的统治，因此离开本乡移民外洋被认为是犯罪行为……但是乡村和宗族的纽带能够把相当众多的人群紧密结合在一起。它的力量足以成功地抵制官方的大规模迫害。因此在中国这类迫害是不常有的事。中国人口过多的压力,在发生饥荒的年月特别使地方官吏惊惶不安。地方上因饥荒而酿成的扰乱和动荡都会归咎于地方官的玩忽和失职,有时甚至会使他们获罪罢官。地方官们深深懂得移民出洋对他们是有好处的,它可以减轻人口过多而粮食不足所产生的压力。把那些桀骜不驯游手好闲之徒流放到外洋是保境安民的好办法,特别是在农作物歉收的时候,因此中国的官吏们不愿也不敢制止人民出洋。他们意识到禁止是对于他们做官之地的公众利益不利的,更不用说他们自己从放任人民出洋所能够得到的这种那种金钱上的收益了。

从另一方面说,南洋地广人稀,自然资源未得到开发,前去可以发财致富,也具有强烈的吸引力。南洋各地,无论是独立主权国家的政府,或是西方殖民主义当局,为了发展经济的需要,都曾以各种优惠待遇招徕华侨移民人口。在19世纪20年代,暹罗的国王和大臣们希望增加国内生产,因而中国人的移入受到前所未有的鼓励。英国在槟榔屿的殖民官员认为,中国人是当地居民中最有价值的部分。甚至在菲律宾数度迫害和屠杀华侨的西班牙人,为了"群岛的繁荣"也转而提出了一些旨在鼓励华工的"最吸引人的条件"。

前引那位英国驻厦门领事馆帮办在答复关于中国移民问题的询问时也说过:"中国人干活慢,但是出名的勤恳耐劳,而且有坚持能力。如果能让他们经常看到出洋的人在海外发家致富的榜样,是会引起他们想要提高自己社会地位的野心,并且还是很情愿出洋移居外国的。他不是一个只满足于把自己的肚皮装饱的人,而是怀着浓厚的成家立业,养育子孙,传宗接代的心愿。世界没有哪个民族能比中国人更善于改善自己的境遇,很快地从普通工人上升为技匠或小业主阶层的了。"

闽粤沿海自发性的人口迁移逐渐与西方殖民主义者有计划地对廉价劳动力的掠夺搅和在一起。这在19世纪40年代鸦片战争以后,开始变得更加突出了。一些活跃在南洋及闽粤沿海一带的人口贩子,客观上也助长了闽粤沿海人民出洋的潮流。

对清代闽粤向海外迁徙人口作出估计,是一件很困难的事。截至鸦片战争为止,海外华侨、华人的最高估计约在100万人左右。这在绝对量上仅有当时台湾汉民人口的一半。之所以如此,是因为大部分海外移民是青壮年劳力,他们极少携眷出洋,"根"还在中国大陆。南洋群岛各地的华人经常回国探亲,以便与妻子团聚生育子嗣留在本乡传宗接代。

六　浩劫之后
——清代末叶人口

> 很难设想比这些地区所遭受的更为可怕的生命财产的毁灭。然而，它们只不过是遭到同样命运的广大地区中很小的一部分。
>
> ——〔德〕李希霍芬男爵：
> 《致字林西报》(1871)

1. 虚应故事的户部《民数册》

清代末叶自咸丰元年（1851）到宣统三年（1911）的60年间，是中国人口由锐减而逐渐恢复的时期，也是人口统计严重短缺、严重失实，并终于重新举行全国规模的人口调查的时期。

道光三十年十月（1850年11月），太平天国于广西桂平县的金田村起义。短短数年内，这一革命便席卷了10多个省的广大地区。在太平天国革命的影响下，各地各族人民掀起了反抗清王朝的斗争。清政府动员起自身的全部力量，对造反的各族人民群众实施血腥的镇压。外国侵略势力也趁火打劫，或发动战争，以攫取更多在华利益和特权；或鲸吞蚕食我国领土，奴役压迫我边疆人民。严重的饥馑、瘟疫也如影相随，交替袭来。如果以咸丰二年十二月（1853年1月）太平军攻克第一座省城武昌作为内战全面大爆发的标志，到光绪三年十一月末（1878年1月）清军收复除伊犁之外的新疆全境，全国的战乱整整延续了1/4世纪。若再加上光绪三四年间北方的大饥馑和随之而起的瘟疫，实际上要到光绪六年才基本扭转了中国人口连遭损失的严重局面。

中国的疆域在这一时期已大为缩小。19世纪50～60年代，沙俄通过中俄《瑷珲条约》、中俄《北京条约》等一系列不平等条约，先后割占中国东北、西北约140多万平方公里的土地，以后又不断侵吞蚕食中国领土。到1911年时，中国实际领土面积约1130余万平方公里，为1820年时的87%。清末的政区设置也有一些变化。光绪十年（1884），新疆置省，原属甘肃的迪化州及镇西、哈密、吐鲁番三厅划归该省建置。次年，原属福建的台湾府升置为省，即以原福建巡抚为台湾巡抚。光绪三十三年（1907），东三省罢将军，置东三省总督和三省巡抚，正式改为行省。这些新置行省，也相应地增置了一批府、州、厅、县。

大规模的战争动乱，直接影响到户部《民数册》的人口统计。自咸丰二年（1852）起，历年的人口造报每缺数省。缺报最多时可达 10 个省区，占应造报地区总数的一半。直到全国平定多年后的光绪二十四年（1898），即现存最后一本《民数册》汇造时，仍有 7 个省区缺报。显然，这种不完全统计已不能用来说明全国人口的变动状况。而且需要明确指出的是：这一时期即使已有的人口造报也极不可靠。战争对建立在保甲基础上的整个人口统计制度带来了极大的冲击。由于战争，大量人口死亡流失；由于战争，众多地方州县残破，册籍尽毁。对于多数地区来说，战乱的后果，是造成了地方保甲制度的普遍废弛。州县吏无从掌握民数，对户口的册报只是"意为增损"，完全成了纸上谈兵。江苏省自同治十三年（1874）起恢复向户部造报人口，但所报的仅是江宁布政使司所属人口。湖北自咸丰八年（1858）恢复造报，但基本上属于省级官员的臆造。是年该省上报民数为 3057 万人，仅比战前少 320 万，以后便每年平均递增 10 万人，光绪二十四年已达 3472 万人，甚至比 1953 年人口普查数还多出 700 万人。湖南、河南则偏于少报人口。湖南每年净增仅几百人，尽管它的实际人口在战后已超过湖北，但在账面上始终只有后者的 2/3。河南在光绪六年（1880）后，年增额常固定为 402 人或 403 人。换句话说，该省 107 个州县厅，平均每县每年增加不到 4 人。福建则表现为虚报人口。咸丰元年（1851）该省上报民数为 2010 万人，光绪二十三年（1897）增至 2683 万人，但据 1953 年人口普查，该省人口仅 1314 万，为 1897 年的 49%，或为 1851 年的 65%。四川也属于多造报人口的省份。该省更为明目张胆地采用了在若干年内保持一个固定增长额的做法。光绪二十四年(1898)时,该省统计人口已高达 8470 余万,平均年增额 100 万人。如果这场账面游戏得以继续下去,只消再过 15 年,该省人口就会高达 1 亿了。而实际上,四川在 1953 年人口普查时仍只有 6230 万人。

由于人口缺报的省份过多,已报省份亦多失实,户部《民数册》的民数合计已无实际意义。自同治十三年(1874)起,《清实录》便不再于年末登载全国的民数。这实际上是宣告了自乾隆六年(1741)建立起来的一整套人口统计制度的终结。

兵燹天灾下的人口剧变

太平天国战争期间,大动乱几乎遍及全国。在这场被人称为"全世界规模最大的内战"中,人口损失及随之而起的饥荒、瘟疫,使得大批人口死亡和逃散。很多昔日的繁华之地,只剩下颓垣荒草,成了豺獾出没的场所。以江苏江南地区为中心的江、浙、皖、赣等省是太平天国的主要活动地区。全国的经济中心一变而为两个政权生死搏斗的主战场。在清王朝经过多年反复征剿由终于将太平天国血腥镇压以后,城乡的破坏和人口的损失也达到了空前的程度。

同治二年(1863),时任江苏巡抚的李鸿章在向清廷汇报江苏南部情形时说:"查苏省民稠地密,大都半里一村,三里一镇,炊烟相望,鸡犬相闻。今则一望平芜,荆榛塞路,有数里无居民者,有二三十里无居民者。有破壁颓垣,孤嫠(ㄌㄧˊ,音梨)弱息,百存一二,皆面无人色,呻吟垂毙……"

同年,两江总督曾国藩自安庆沿江东下,视察了皖南的情形,称:"自池州以下,两岸难民,皆避居江心洲渚之上……壮者被掳,老幼相携,草根掘尽,则食其所亲之肉,风雨悲啼,死亡枕藉……徽、池、宁国等属,黄茅白骨,或竟日不逢一人。"次年,曾氏又向清廷汇报了皖北的情形:"舒、庐、六、寿、凤、定等处,但有黄蒿白骨,并无民居市镇,或师行竟日,不见一人。"总之,"安徽用兵十余年,通省沦陷,杀戮之重,焚掠之惨,殆难言喻,实为非常之奇祸,不同偶遇之偏灾。纵有城池克复一两年者,田地荒芜,耕种无人,徒有招徕之方,殊乏来归之户。"

闽浙总督左宗棠初入浙江时,写信给儿子说:"浙江夙称饶富,今则膏腴之地,尽成荒瘠。人民死于兵燹,死于饥饿,死于疾疫,盖几靡有孑遗,纵使迅速克复,亦非二三十年,不能复元,真可痛也!"同治三年(1864),他在给清廷的奏报中说:"计浙东八府,惟宁波、温州尚称完善,绍兴次之,台州又次之。至金华、衢州、严州、处州等处孑遗之民,则不及从前二十分之一矣……其浙西三属,惟嘉善、石门、平湖、桐乡等县素赖蚕桑为生计,数年之后或可复元,其近山各县情形亦与金、严等处相似。"

由于人口损失过于惨重,战争结束后,江南地区除流亡者陆续来归外,还开始接受外来移民。但这一过程进行得十分缓慢。德国地理学家、曾多次来华考察的李希霍芬（F. P. W. Richthofen）于1871年致函上海《字林西报》，详细描述了他在浙西及皖南的见闻：谷地的土壤极其肥沃，却完全荒芜；刷着白石灰的华美住宅掩在丛生的树木之中，无人居住。若干城市，如桐庐、昌化、于潜、宁国，只是一片片废墟。城中只有十来座房屋有人居住。联结城市间的大道变成了狭窄的小径，许多地段长满了数人高的荒草或难以穿行的灌木。谷地之中以前人口十分密集，那些村庄规模之大、数量之多便是明证。房屋的精细风格，建筑的砖石结构和双层楼房，说明了这里原先的富足程度。山谷中的耕地和山坡上栽种水稻的梯田，现在长满了荒草；栽培的桑树大都因无人照管而开始朽烂……李希霍芬说："很难设想比这些地区所遭受的更为可怕的生命财产的毁灭。然而，它们只不过是遭到同样命运的广大地区中很小的一部分。"但他又表示有理由预期这些地区的复兴。因为移民运动正在进行。江南地区恢复缓慢，与该地区赋税负担过重很有关系。少数幸存者苦于重赋，"佃户既畏归耕，业主亦畏赔粮，往往脱籍徙业，不敢承种"。只是在清政府减轻负担，又下垦荒令招徕两湖和河南的客民后，情况才有所转变。

然而外省移民的迁入，没能改变江浙皖三省在人口发展上的颓势。若以1850年和1953年的人口统计相较，对比十分强烈：当全国人口从1850年的统计数4.32亿上升为1953年的5.83亿，即从1850年的100

上升为1953年的135时，江浙皖三省（以清代政区为准），虽有上海的崛起，却从1.12亿下降为1.01亿，即从1850年的100下降为1953年的90。三省所占全国人口的比重也从26%下降为17%，绝对数减少1165万余人。当然这期间还有民国年间战乱灾荒等因素，尤其是日本侵华战争摧残的影响。但中国经济最发达地区的人口，竟然到20世纪50年代还不能恢复1850年太平天国战前的水准，这本身该是多么触目惊心的事实啊！

西北的陕甘地区，是回民等少数民族起义的活动的区域。战前，陕西回民极多，由甘肃向西直到新疆哈密地区也多有分布。由于反动统治者煽动民族仇杀，汉、回等民族人口损失极为严重。陕西巡抚刘蓉奏报："西、同、凤三府地最沃饶，今土地之开垦者十不二三，而人民之死亡者十居六七，或行数十百里不见一椽一屋一瓦之覆。炊烟昼绝，豺獾夜嗥，气象殆非人境。"同治八年（1869），时已改任陕甘总督的左宗棠奏报在甘肃东部作战见闻时说："平、庆、泾、固之间，千里荒芜，弥望白骨黄茅，炊烟断绝。被祸之惨，实为天下所无。"他的追兵经过庆阳及其属邑安化、合水、宁州，以及泾属崇信、镇原等六城时，除崇信尚有居民，馀皆空城，人烟断绝。同年，他又在奏报中提到甘肃汉民人口的损失："甘肃之民，汉回杂处，昔本汉多于回，近则回多于汉。若宁、灵一带，周数百里，则汉民几无遗类。固原州一城，回民北徙后，汉民存者不过十数。灵州一城，汉民存者，不过数家。"

但经过左系湘军的剿洗，回民人口也很快凋零了。

灾荒和饥馑造成的人口损失，甚至超过战争行为。光绪初年，尤其是光绪三、四两年（干支纪年为丁丑、戊寅，即公元1877、1878年），黄河中下游陕西、山西、河南、山东、直隶等省连遭大旱，人口损失以千万计。《清史稿》称："饥民死者日近万人。"民国《续修陕西通志稿》记载道："西、同、凤、乾各属，古三辅地，百余年来休养生息，鸡犬相闻，至道咸时户口称极盛焉，同治初回变起，杀伤几五十余万，亦云惨矣。重以光绪丁丑、戊寅奇灾，道殣相望，大县或一二十万，小县亦五六万，其凋残殆甚于同治初元……"光绪《山西通志》也说："晋省户口，素称蕃盛，逮乎丁、戊大祲，顿至耗减。当时见于章奏者，饥民至六百万，而次年之疾疫死亡不与焉。"光绪二年（1876）该省册报人口1642万，光绪九年，锐减至1074万，仅为前者的65.4%。

英国人李提摩太（Timothy Richard）当时正在山东、山西等省调查了解灾情，并参与赈灾救援工作。他在自己的日记中，记下了1878年2月在山西南部亲目所睹的可怖情景：清晨，当他来到城门口时，只见城门的一侧有一堆裸体男尸，像屠宰场的猪一样摞在一起；城门的另一侧，是同样的一堆裸体女尸。他们的衣服都被别人剥掉换取食物了。几辆大车正把这些尸体拉到城外，分别抛进两个大坑中去。据政府赈济组织的一个成员告诉他：洪洞县约有25万人口，其中15万人已经死亡。李提摩太认为：在这场从1876年到

1879年持续四年之久的空前大饥荒中,中国18省中大约有一半遭到劫难,有1500万~2000万人死亡。——这一数目相当于一个欧洲国家的全部人口。

另一位在华的美国传教士哈巴安德(Andrew P. Happer)力图对太平天国战争直到北方五省大饥馑的人口损失作出具体的量的估计。他认为,损失的人口总数可达6100万~8300万人。

表6–1 哈巴安德对中国人口损失的估计(1850~1890)

	1880年的估计	1883年的估计
太平天国战争	4000万人	5000万人
云南、陕甘"回乱"	800万人	1600万人
北方5省饥馑	1300万人	1700万人
合　计	6100万人	8300万人

到了20世纪30年代,中国学者陈恭禄进一步指出:外人常居于商埠,不知内地死亡者之多,估计不免太少。太平天国之乱,合中原捻军、关陇滇回民、贵州苗民起事、各省城镇土匪之劫掠,饥饿疾疫的死亡,"死者殆有全国人口总数三分之一,约一万万人以上"。然而陈氏对中国人口总数的估计却又有过低之嫌。综合时人的各种估计,这一时期中国人口的损失至少在8000万以上,超过历史上任一动乱时期。然而由于中国人口总数的增长,损失人口占总人口的比重已明显下降了。即使按陈恭禄对损失人口的偏高估计也只占总人口的1/3。历史上曾多次发生的"人口减半"的情形已不再出现。

3. 太平天国战后的人口迁移

太平天国战后，中国的人口迁移具备了若干新的特点。首先是江南地区由于人口凋零，一度成为外来客民的入徙地；其次是向边疆地区和海外的人口迁移，不仅在力度上大大加强，而且开始取得了合法的地位。

浙西的杭、嘉、湖地区，除浙东的温、台、宁、绍等属客民前来定居外，又有河南、江北及两湖之人前来"争垦无主废田"。

皖南地区，战前人民聚族而居，村庄络绎。"村之大者数万家，至数十万家，小者亦必数百家至数千家"。战后土著稀少。据《申报》记载，同治年间，两湖客民"趾踵相接，蔽江而至。至则择其屋之完好者踞而宅之，田之腴美者播而获之。不数年，客即十倍于主"。

苏南西部的江宁、镇江等府，起初采取招募江北穷民佃耕的办法。可是开荒之人"因利息无多，往往弃田而归，业主莫可如何"。后来也采取和浙江类似的办法，以无主之田招人认垦，官给印照，永为世业，又从湖北、河南招徕了一些移民。光绪《句容县志》记载道："自同治初，温州、台州、安庆等处棚民寄居于此，即以垦山为事。至光绪十四年，荆、豫客民又来开垦耕种，兼开诸山……"然而苏南东部的苏、松、太地区，不见有荆、豫客民的记载。可能因为该地区人口损失相对较小，加之水田耕作技艺要求高，强度大，远来客民无法适应的缘故吧！

从整个江南地区来说，外省客民所能占据的，主要是其西部的山区。由于山区农业人口的容载量较低，这些外省移民不久就和当地土著居民发生矛盾冲突，以致地方当局很快停止了这类招垦活动。因此，太平天国战后向江南地区的人口迁移，在强度上是不能与同期向海外和向东北的迁移运动相比的。

福建、广东向海外迁徙人口的剧增是在鸦片战争五口通商以后，尤其是在1850年太平天国战争爆发以后，其表现形式为契约华工大量出国。究其主要原因，一方面是东南亚和美洲各殖民地竞相掠夺中国廉价劳动力；另一方面中国国内的动乱也加剧了人口的外流。

据统计，从1845年到1852年，西方国家从厦门共掠走苦力6255人，到1853年增加为11811人，一年之内掠走5556人。同为五口之一的广州，1849年被掠往加利福尼亚的苦力为900人，1850年为3118人，1851年为3502人，1852年上半年即猛增为15000人。香港在从1851年1月1日到1852年1月1日的一年间，运往旧金山的苦力为7785人；1852年1月1日到3月25日，运走人数为6342人；而从3月25日到7月1日，猛增为15275人。

外国观察者指出，当三合会起义军的兵锋迫近广州时，"香港开始从中取得收获，正像它在广州及其附近地区发生的动荡不安中，每一次都得到好处一样。一股出洋移民的洪流，涌向香港和澳门。再从那两处地方分头走向海峡殖民地，走向加利福尼亚，走向西印度群岛各地。在香港上船出洋的中国人，仅只去旧金山一处的人数，1852年一年之内即达3万人之多。去旧金山的人在香港付出的船票钱一项即达150万银元。中国人所办的形形色色行业在香港纷纷兴起。香港的人口迅速增加。中国资本，为了逃避叛军的劫掠，寻求安全投资地点，大量地流入香港"。

一些起义者在失败后，也被迫逃向海外，投入苦力的行列。英国代理厦门领事在1855年2月的一份报告中提到：在漳浦地方，有一股起义军坚守在一处据传为当日国姓爷郑成功所建的废垒里顽抗多时，后来这股叛党与官吏们妥协，大部分人已获得官方许可，作为出洋的苦力，上船出国。

1860年，在英法联军的胁迫下，清政府在条约中承认华工出国的合法化。而在一年前的1859年4月，广东地方当局就已经这样做了。1859年5月，英国驻华公使卜鲁斯在信件中指出："就我看来，把移民出洋限于广东一省是得策的。因为广东省人丁稠密而贫困，居民又惯于出洋下海外出游食。"广东终于后来居上，超过福建而成为向海外移民的第一大省。

据估计，在1801~1850年间出国的契约华工约32万人，平均每年6400人；而1851~1875年间竟猛增为128万人，平均每年达51200人；1876~1900年期间，则有较大幅度的下跌，共有75万人，平均每年3万人。1851年后华工出国人数猛增，主要表现为赴美洲的人数激增，同时赴东南亚和澳大利亚、新西兰的华工人数也有了成倍的增长。1876年后，由于美国经济危机，排斥华工并严禁华工入境，古巴、秘鲁也先后禁止华工入境，赴美洲华工人数骤减。但此时赴东南亚华工人数仍保持稳定，并略有增长。说明南洋一带仍是容纳闽粤外徙人口的主要地区。

东北地区，尤其是黑龙江与吉林地区移民人口的较快增长是在第二次鸦片战争之后。

道光三十年（1850）太平天国革命爆发后，清廷曾多次征调驻守在吉林、黑龙江边防的旗兵南下与太平军作战，结果造成了边备的空虚。沙俄侵略者乘虚而入，利用清政府在第二次鸦片战争中战败，并采取军事讹诈的手段，轻易地从清廷手中夺走了黑龙江以北和乌苏里江以东大约100多万平方公里的土地。

面对拥有近代先进武器和轮船的俄国船队，中国的黑龙江守军却只能以长矛、弓箭自卫。一个曾在黑龙江地区活动过的英国人挖苦说，中国驻军只满足于仔细点数过往的俄国船只。近年间一位美国学者则是这样叙述的："正当清政府继续追求把汉人移民排除在北满以外这一目光短浅的目标时，俄国政府则把俄国移民移居到这个地区。这样，到了19世纪50年代末，北黑龙江流域和滨海的领土上已经大部分是俄国人了……在与蒙古和满洲接壤的俄国边境，驻有16000名士兵的俄国军队，配备着40门大炮。另一方面，黑龙江的旗兵一直没有超过几千人。例如，瑷珲'有能容纳几千名士兵的造得很好的营房，但没有看到一名士兵——甚至岗亭也是空的'。"其结果，"清帝国丧失了最东北的广袤而宝贵的土地"。但也正如这位作者所指出的"这是一个宝贵的教训。一个愈来愈着眼于全中国的清政府汲取了这个教训,于是大开方便之门,让汉族移民进入帝国的其他边境"。

黑龙江由中国的内河一变而为中俄的界河。该地区首当其冲,亟须移民以加强实力。黑龙江将军特普钦指出:以前因招垦恐与防务有碍,今天因防务反而不能不亟筹招垦。地方财政拮据,私垦之民也难以驱逐,不如开禁,招民试种。既可增收租赋,宽裕财政,又可借助移民,预防俄国人的窥伺。黑龙江在清末开放最早。而首先移民开垦的便是特普钦在奏报中提及的俄国人曾予窥伺的呼兰地区。

吉林的放垦区最初集中在西部平原,稍后也将重点东移。清廷在给吉林将军的命令中指出:乌苏里江、绥芬河空阔地方,应尽早招民开垦,使俄国无所觊觎。据户部《民数册》的不完全统计,1861年吉林人口为33.0万,1897年已上升为77.9万,平均年增长率为24.1‰。到1907年,整个东三省的统计人口已高达1445万。宣统三年(1911)户口调查,东三省已有278万户,1842万口。进入东北的各省移民仍以山东为最多;其次为直隶,其中又以冀东为多;再次则为河南、山西两省。

19世纪末,在东北地区因面临沙俄侵略威胁而大举移民实边后,内蒙古地区也以同样理由放垦。但这一时期的汉族移民人口,除东部靠近东三省地区以及后套地区增长较快外,没有取得预期的效果。

4 王朝之末的人口复苏

全国性的大动乱逐步平息以后，中国人口进入了复苏时期。人们对这一时期的中国总人口提出了种种估计。1879 年 4 月，中国驻英公使曾纪泽在伦敦会见来访者时指出：中国人口约为 4.2 亿。第二年，英国前外交官阿礼国（R. Alcock）也提出：尽管有战乱、灾荒所造成的损失，中国人口仍在 4 亿以上。德国地理学家贝姆（Ernest Behm）与瓦格纳（Hermann Wagner）很注意世界第一人口大国中国的人口状况。在他们主编的《世界人口》的各卷中，曾根据来自中国的意见，多次修订了有关中国人口的记载。1872 年《世界人口》第 1 卷出版，他们主要根据旅行家们的见解，将中国人口定为 44700 万人。1874 年修订为 40500 万人，因为熟悉中国情形的人，"全认为 4 亿是最好的估计"。1880 年出版的第 6 卷又提出：中国包括各藩属在内共 43462 万余人（内含朝鲜人口 850 万人）。到了 1882 年的第 7 卷，在考虑了学者、旅行家们关于中国人口已大为减少的意见后，他们终于将中国人口向下作了大幅度的调整，修订为 37100 余万人。但这一迟到的修正显然已落后于 19 世纪 80 年代中国人口正以较快速度恢复的实际情况。

到了 19 世纪 90 年代，中国人口已大致恢复到战前道光年间的水平。中国的另一位外交官薛福成于 1891 年指出："自粤捻苗回各寇迭起，弄兵潢池，已皆荡定。今又休养二十余年，户口渐复旧观。"他当时估计"中国人民在四万万以外"。整个90年代，尤其是维新运动高涨时期，中国国内有关"四万万同胞"的提法已不绝于书。与此同时，沉寂了数十年的"人满为患"之说也重新兴盛起来。1894年，孙中山在《上李鸿章书》中强调："盖今日之中国已大有人满之患矣，其势已岌岌不可终日。"1897年，章太炎发表议论说："古者乐蕃遮，而近世以人满为虑，常惧疆宇狭小，其物产不足以龚衣食。"梁启超在《农会报叙》中也提到："中国今日，动忧人满。"

当时的"人满为患"之说多少受到马尔萨斯主义传入中国的影响。但也首先是中国人口逐渐恢复到太平天国战前旧观的直接反映。

稍迟，光绪三十一年（1905）编纂的安徽《霍山县志》说："垦山之害，旧志已历言之，谓必有地竭山空之患。阅数纪而其言尽验。道咸之劫，人无孑遗，而山于此时少复元气。故中兴以来，得享其利者四十年。近以生息益蕃，食用不足，则又相率开垦，山童而树亦渐尽。无主之山，则又往往放火延焚，多成焦土。"安徽是人口损失较重的地区。霍山的记叙从侧面表明：战后该地区人口的恢复大约用了40年时间。

清政府于光绪二十七年（1901）曾公布了一个官方人口统计数字。据《光绪朝东华录》载：是年民数为426447325人。我们不知道这一统计中，有哪些省是当年册报的人口，有哪些省是旧有人口数据的照抄或略作修正，但它作为全国人口统计数已肯定无疑。

同样可以肯定的是，这一人口统计并没有建立在人口清查的基础之上。因此，它只表示清朝官方对全国人口的估计或认识。官方的这一人口数，已很接近1851年的人口记录。这表明清朝官方相信：1900年前后，中国人口已基本恢复到太平天国战前的水平。根据1953年第一次全国人口普查资料推算，1900年前后全国人口约为4.43亿。这一立足于可靠统计基础上的回溯估算表明：1901年公布的中国人口总数，还是大致可信的。

这里不妨探讨一下中国人口重新回升至4亿的最可能的时间。结合前文的叙述，尤其是19世纪70年代后期北方地区大饥馑的事实，我们可以肯定：这一时间不可能早于1880年。而从1900年的4.43亿回溯推算，并且考虑到1892～1894年间全国再次发生较为普遍的饥馑和甲午中日战争期间奉天等省遭受较为严重的人口损失，90年代人口增长率不可能很高的事实，又不应迟于1890年。因此我们可以大致判定：这一时间是在1885年前后。考虑到太平天国战争时期的人口损失主要集中于19世纪60年代中后期，西南、西北回民及其他少数民族起义的人口损失也集中于1870年前后，加之两者的损失大大超过70年代后期北方饥馑死亡的人口，我们还可以大致确定1870年为人口谷值的时点。于是我们就此得出了1850～1900年间中国人口变动的最简略的模式。

面对不断增长着的全国人口，清政府终于在宣统年间（1909～1911）举办了全国规模的人口调查。王朝之末的这次调查,成了中国近代意义上人口普查的雏形。

光绪三十四年(1908),清廷宣布九年时间预备立宪。民政部为此办理户口调查,提出自当年始,以五年时间办理完竣。各地方当局奉命调查各地人口的性别、年龄并分别成人与学龄儿童人数。由于政治形势的变化,这项工作被压缩在四年内完成。宣统二年(1910),各省先后进行了户数的调查(有的同时调查了口数)。第二年,各省又陆续进行了口数的调查。同年,辛亥革命爆发,打断了这次人口调查的进程。以后直到清王朝覆灭,仍有一些省份未上报口数调查的结果。民国元年(1912),由当时的民国政府内务部将各省在辛亥年(即宣统三年,1911年)上报民政部的报告加以搜集,汇总公布。据《清史稿·地理志》载:"是年全国各地区上报人口总计62699185户,341423897口",这一统计是明显偏低的。而在同书《食货志》中,该项统计又变为69246374户,239594668口。户数略有增加,口数则更为偏低。20世纪30年代初,人口学者王士达、陈长蘅曾先后根据原统计册籍对这次调查结果重新加以整理。户数上升为7000万户,口数则上升为37000万左右。

宣统年间的人口调查质量是不高的。由于当时社会秩序混乱,人心浮动,调查多是草草了事,缺报漏报现象相当严重。尤其是口数部分的调查,缺失太多。但此次人口调查仍有它的历史地位。因为它毕竟在清末数十年的动乱之后,第一次大规模地调查了全国的人口。其中的户数调查,由于采取了派员调查制先期进行,资料全,可信度较高,时点的统一性也较好,对了解清末我国人口分布状况及人口发展变化的趋势,具有相当重要的价值。

七 动荡的过渡时期

——民国时期人口

> 你们杀人吧,我们会生娃娃!
>
> ——老舍:《四世同堂》第 87 章

1 形形色色的人口统计与估计

与清王朝长达 268 年的统治相较,民国时期的 38 年是短暂的。这是一个在政治上极不稳定的过渡时期。1912 年,中华民国建立,清帝被迫逊位,中央政权落到以袁世凯为首的北洋军阀集团手中。然而北洋政府只在一个很短的时间里维持了对全国的统治。1916 年,袁世凯的称帝梦破灭并旋即死去。南北分裂的局面逐渐形成,北洋政府的统治开始衰弱了。1927 年,中国国民党经过数年的北伐战争。逐步确立了自己对全国的统治地位。但国民党统治下的 22 年也极不平静。先是十年内战,后是八年抗日战争,再经过三年多与共产党的角逐,即于 1949 年被迫结束了对中国大陆的统治,而退居到一群海岛上去了。

民国时期的 38 年,在人口史上也是一个动荡的过渡时期。由于连年战乱,自然灾害频仍,这一时期中国人口的死亡率很高,人口增长极其缓慢。但在此期间,中国的近代人口统计事业已开始形成。若干官方或非官方的机构,曾有过各种形式的人口调查与统计。

1912 年,中华民国宣告成立。当时的北京政府一面整理公布了前清宣统年间的人口调查报告,一面下令在本年内再举行一次人口调查。并且规定:由警察负责进行人口调查;在无警察的地方,由地方的保卫团负责;在既无警察又无保卫团的地方,则由地方官员征集当地绅士协助。调查的项目包括现住户数、现住人口的性别、年龄及别的各项人数,男女合计数、现住人口的职业分类各项人数,等等。这次人口调查,实际是宣统年间人口调查的继续。调查结果于 1916、1917 两年由内务部陆续出版。广东、广西、安徽等省未将人口上报。已报的各省中,错误最多的是河南。据人口学家陈长蘅介绍,"有一县男女人数完全相等,有一县男子人数多于女子三倍五倍乃至六十四倍以上者"。1934 年的《中国经济年鉴》公布了经陈氏修正厘定后的数据。内中将无调查的各省区及河南、湖北都换上宣统年间的数字。结果得全国共 76386074 户,405810967 口。

这次调查由于有宣统年间的调查作为基础,已有调查的各省区中,户数与口数都有较大幅度的上升,说明遗漏的程度已大为减少。1930 年出席东京国际统计会议的中国代表陈华寅提出：民国元年（1912）的人口调查，是民国以来最完全的调查，较清末宣统年间的调查要更准确些，而其中又以户数调查较口数更为准确。然而一些外国学者，尤其是前美国驻华公使柔克义（W. W. Rockhill）及康奈尔大学教授韦尔柯克斯（W. F. Willcox）等人却宁愿接受宣统二年（1910）的人口数据。柔氏称宣统二年的调查是"第一次正式的尝试，较以前历次调查更为可信"。韦氏则更直接地指出：许多中国人口报告都是言过其实，只有1910年的调查逼近真实，"因为它是最小的"。他们坚守1910年前后中国人口只有3亿多的成见，并得到了相当一部分中国学者的支持。

民国4年（1915），北洋政府颁发《县治户口编查规则》和《警察厅户口调查规则》，强调"编查以现住户口为准"，并力图使户口调查制度化。要求调查的项目已多达7项。但第二年办理户口调查的省区又比民国元年大为减少。看来是因为袁世凯复辟帝制的闹剧吸引了太多的注意力，户口调查只能被置于脑后了。此后，由于国内政治上的混乱，北洋政府已无力再举办全国人口调查。海关、邮政局等非官方机构的人口统计逐渐受到重视。

海关报告，据说是以物品消费量为根据进行推算，"合乎科学精神"，很得一些人的推崇。但当时就有人提出质疑，因为中国尚处在"半自给半交换经济时代"，海关统计未必能代表物品消费的实际状况，而且中国各地生活程度相差很远，单纯以货物量推算也不足以推出近实的人口总数。更有人进一步指出：海关的人口报告，大部分由其他方面抄来，小部分为任意估计，并没有什么实际价值。相比而言，邮政局为构建通邮网络而进行的人口调查估计，因得到各有关地方行政官员的支持，而具有较高的可信度。与邮政局的估计同样具有重要价值的是基督教中华续行委办会（China Continuation Committee，简称CCC），在1918～1919年间的人口调查。这次大规模的系统的调查工作，首先是从警察和政府官员手中得到按县的人口报告，再请各省各教会的代表重新审议是否准确。其所缺部分，则仍以邮政局的调查数据代替。CCC报告的1919年中国全国总人口为45266万人，比邮政局的报告多两千余万人。第二年，邮政局即根据CCC的报告修订了自己的统计数字。而据1953年人口普查数据回溯推算，1920年中国人口约为47600万人，则CCC的报告仍稍有偏低。即使如此，教会活动能量之大及其搜集情报的准确，却不能不使人们刮目相看了！

民国初年，一些中外学者还利用食盐销售量推算中国人口。对于一定的人口来说，作为人类生存必需品的食盐的消耗应是一常量。然而在清末民初，食盐的销售受到产量、税率、私盐漏卮、交通运输乃至时局等多种相关因素的影响，并不能准确反映当时中国人口的食盐消耗量。因而，这项很有意义的工作，并没有取得令人满意的结果。

1927年9月，南京国民政府宣告成立，开始了国民党对全国的统治。国民政府内政部于本年内通知各省有关部门筹备统计全国人口。1928年5月,内政部拟定户口调查统计规则及表式,正式通令各省办理调查。截至1930年底,依照部颁规则调查完竣的,计有13省,其余15省及蒙、藏地方人口,则依据过去资料估计,合计全国人口总数为474787386人。这次调查并没有规定标准时间,调查表式本身也有若干缺陷,因而论者颇多抨击,不承认为真正的人口调查。

在经过了一段时期的混乱与摸索以后,国民政府下决心恢复在历史上曾行之有效的保甲制度,以适应地方治安和清查户口的需要。1932年8月,以总司令蒋中正名义发布的《豫鄂皖三省剿匪总司令部施行保甲训令》之第6项,在对前一阶段的户口清查作了反省之后,提出:办理保甲与清查户口连贯呼应,合一而不可分。确认户长及推定保甲长就是清查户口的开始。"是以今日欲谋完成户口清查之要政,非暂置乡、镇、闾、邻之自治组织而别寻蹊径不可,尤非融合于编组保甲之中而同时举办不可。"

这以后,国民政府虽未举行全国人口普查,但通过各省市举办户口查报及编组保甲,还是得到了历年的人口数据。1936年,内政部为筹办国民大会代表选举,需要全国各行政区人口数字,曾通电各省市政府,查报所属各县局最近户口实数。先后报部者,计有30省市;其资料来源,大部分系根据编查保甲户口所得。统计结果,全国总人口为461363646人,这也是抗日战争前夕的最后一次全国人口统计。

抗日战争时期,由于战局动荡,经常有保甲户口报部的，仅四川、云南、贵州、陕西等后方省市。战争是相当酷烈的。仅日本侵略军在南京一地制造的大屠杀事件，就杀害我国同胞30多万人。一般估计，中国在这次战争中的人口损失超过2000万人。然而战争中人口的损失，根本无法在人口统计中反映出来。

抗日战争胜利后，国民党政府为办理复员建设，对于各地人口数字，需要至切。内政部除督促各省市举行户口清查，办理户籍登记外，并另订乡镇保甲户口统计表式一种，通电各省市政府，根据办理户口清查或户籍登记结果，将每年1月及7月的资料整编报部，汇编全国户口统计。未据查报省市，则以旧有资料补充。1946年底的统计为455592065人，1947年底为462798093人，1948年底为465237773人，虽历次统计迭有增加，但此时国民党统治区已迅速缩小，大多数地区的人口数据只是沿袭旧有造报，与实际人口的偏离程度增大了。

保甲户口统计毕竟不能代替在特定时点进行的人口普查。1939年春，迁至昆明的清华大学国情普查研究所在云南呈贡县进行了人口普查的试点。1941年，第一次全国主计会议在重庆召开，议决于1941年开始县单位户口普查，1943年开始省单位普查，1947年举办全国普查。内政部等为此专门组织了训练班，调训户口工作人员，并于1942年联合举办了"云南环湖户籍示范区普查"的工作。抗日战争胜利后，为筹备全国户口普查，内政部于1947年将户政司扩编为人口局，以包惠僧为局长（1948年又缩编为户政司）。原拟于1950年举办第一次全国户口普查,后"因军事故障,经行政院核定展缓一年",改定1951年10月1日为普查日。但远未等到这次普查日的到来,国民党在中国大陆的统治就覆灭了。据现存的内政部人口局档案,这次拟议中的户口普查项目计有姓名、称谓、性别、年龄、本籍、婚姻状况、教育程度、职业及居住时间等9项。户口普查表采用分户式,由普查员持表直接访问查填,且拟取先办预查,再于标准日举行核对的办法。可见计划还是很完备的。

民国初年的人口迁移

民国时期中国的疆域进一步缩小。1914年,俄国出兵强占了唐努乌梁海地区约17万多平方公里的土地。1946年,当时的中国政府承认了外蒙古的独立。此时中国的陆地面积已缩小为960万平方公里,仅为清代盛年的74%。在政区的设置上,民国初年曾裁府留县或裁府并县,将地方政区简化为省、道、县三级(1928年又改为省、县二级)。省级政区,则不断增置。除陆续增置热河、察哈尔、绥远、宁夏、青海、西康等6省外,还设立了一些直辖市、特别区等。1929年时,全国共有29个省(其中的西康迟至1939年才正式建省)、6个直辖市、2个特别区和外蒙古、西藏2个地方。1948年时,按国民党政府的行政区划,全国已有35个省、12个直辖市和西藏地方。

民国时期新设立的省份,人口都有较大幅度的增长。这不仅是因为这些新设省份都程度不等地吸收了大量移民人口，同时也由于对土著的少数民族人口加强了统计。尽管如此，西南地区仍有大量少数民族人口未能计入。1953年人口普查时，云南、贵州、广西等省人口大幅度增长，从而大大提高了它们在全国人口中所占的比重，很重要的原因就在于第一次认真全面地调查了少数民族人口。

对比一下民国时期的南北人口分布（仍以山东、河南、陕西、甘肃、青海、新疆及其以北地区为北方），我们可以发现，与清代中叶，即1749~1850年间的趋势正好相反，北方各省人口比重呈连续增长的趋势：1912年时占全国总人口的33.4%，1928年为35.3%，1936年为36.9%，1947年更升为40.7%。为了考察的延续性，我们同样计算了1953年第一次人口普查时的南北人口之比，其结果为：北方占40.1%，南与北之比适为3∶2（按：1850年时南北之比为7∶3）。

北方各省区人口比重的持续上升与东北、内蒙古、新疆等地，尤其是东北地区继续接受大量移民人口有关。近代工矿业的兴起，无疑也是北方地区赖以维持较多人口的一个重要因素。南方各省区人口比重的下降，一是仍受太平天国战乱的人口巨大损失的影响，二与民国时期一系列重大战争（如十年内战与八年抗日战争）的摧残及大量人口继续迁往海外有关。不过，民国时期南北人口分布比重的相对变动，似乎带有某种回归的性质，即恢复或接近18世纪中叶清代乾隆年间的南北人口之比,而并没有从根本上改变我国人口分布的南重北轻的态势。时至 20 世纪 80 年代,北方各省区人口仍仅占全国人口的 41%,就是一个很好的证明。

民国初年的人口迁移,基本上仍是清末向各有关方向人口迁移的继续。北方的人口迁移,笼罩在资本帝国主义,主要是俄、日两国侵略扩张的阴影之下。为了应付列强咄咄逼人的侵略势力,移民实边的屯垦运动有了进一步加强。交通部门为提倡移民垦殖,特地在京奉、京绥两条铁路线发售移民减价票。由于政府的大力提倡,加之内地生活困难,灾荒、兵祸、匪患时起,北方地区向东北、内蒙古等地的移民络绎不绝。而其中仍以向东北方向移民为最多。有人认为:在 1922~1931 年的 10 年中,向东北的移民已形成狂潮,"其规模之大,可以算得人类有史以来最大的人口移动之一"。据统计,1921 年时东三省人口已达 2315 万余人,1930 年更增至 2919 万余人,分别为宣统三年(1911)户口调查数的 126% 和 159%。其中移民留住人口已高达 300 余万人。内蒙古方面,热河因在清代即已安置了众多人口,加之东北尤其是北满的开发更具吸引力,民国初年人口几无增长。但察哈尔、绥远两省,因京绥铁路的逐段开通,移民较多,人口增长迅速。据统计,1928 年对热、察、绥三省移民人口依次为 437 万、200 万、212 万,分别为 1912 年统计人口的 94%、1799% 和 337%,以察哈尔人口增长最为迅速。

西北方面,1928 年以原甘肃省宁夏府之地及内蒙古套西二旗置宁夏省,以原甘肃省西宁府和西宁办事大臣辖区置青海省。但由于地理条件的限制,两省人口仍多集中于原宁夏府、西宁府地区。西南方面,1914年以原属四川的西康地区和原属西藏的昌都地区合置川边特别区,1925年改为西康屯垦区,延至1939年正式设置西康省。但该地区移民成效甚微,人口增长极为缓慢,1931年前甚至低于全国平均水平。

除上述地区外,内地及沿海省份的若干滨海、滨湖地区及其他荒地,也有陆续移民垦殖的。其中又以苏北盐垦区(原两淮盐场所在地)的垦殖活动为最大。

民国初年的移民屯垦运动,对于安辑流亡、发展生产及巩固边防起了一定的积极作用。在此期间,东三省经济因移民而迅猛发展,绥远、察哈尔等地也因移民而得以建省。然而由于国内政治不宁,若干地区交通不便,匪患不靖,移民成果无法得到进一步巩固,有些地区只能维持极为短暂的繁荣。而且不无讽刺意味的是,容纳关内移民最多的东北地区,经济命脉却操在外人之手,1931年九一八事变后更沦为日本的殖民地,从而严重地影响了中国国内人口迁移的基本格局。

自19世纪80年代美国、加拿大、澳大利亚等地相继排华、限制华人入境后,中国人口的国际迁移,仍以南洋(即东南亚)地区为主。第一次世界大战以后,南洋地区一度出现经济景气,橡胶与锡的需求量大增,也刺激了该地区对廉价劳动力的极大需求。因而在20世纪20年代的10年中,广东、福建等沿海人民又一次掀起出国热潮。据统计,1918～1931年间,仅从汕头、香港两地出境的华侨,已近380万人。此时整个南洋地区的华侨人数约为500万人。

在北方,俄罗斯的西伯利亚及远东地区也有大批华侨,多是先出关到东三省,然后渐渐越界移入俄国境内。据估计,在民国前的30年间,移住的华侨已达55万人。民国初年,正值第一次世界大战爆发,俄国在中国东三省的中俄边界一带,以及河北、山东等省,先后招募20多万华工,运去俄国从事最危险最笨重的体力劳动,有的还被运往欧洲东部战线修筑工事。在前线因遭德军袭击而死亡的华工即达7000人。1917年俄国爆发革命,以后又发生持续数年的国内战争,在俄侨民陆续回国。1926年,西伯利亚及远东区仅有华侨72000人。

欧洲华侨历来不多。但在第一次世界大战期间,英、法等国通过中国政府招募了十几万华工。战争结束后,多数也陆续回国。

在国际人口迁移的人群中,中国留学生的队伍也在逐渐扩大。中国学生成批留学欧美始于19世纪70年代。当时在容闳的竭力筹划下,清政府曾分批派遣120名学生赴美学习。后又陆续派员前赴英、德等国学习军事。1908年后直到1929年,仅公派赴美深造的学生前后即达1900余名。自费生的人数还要更多一些。1919年起到1920年末,赴法勤工俭学又成为一时风气。半工半读的留法学生多达1600余人。还有一些人到了英国、德国。然而留学人数最多的还是一衣带水的日本。1906年留日学生极盛时曾超出8000人。辛亥革命前后,大批学生竞相回国。而到1913~1914年间,青年学子又纷纷东渡,公费及自费生加起来至少有五六千人,形成了留日的第二次高潮。20世纪20年代后,留日学生迭有增减,据认为与中日货币汇价的涨落很有关系。当中国银元升值时,在中国国内求学就远不及在日本留学合算。然而20年代中期正值第一次国共合作,国内许多优秀青年的目光已转向苏联,赴苏留学生又占去了很大比重。

在中国人口不断向海外流迁的同时,中国国内也接受了一些外国人移居。19世纪40年代第一次鸦片战争后,西方列强已获得在若干通商口岸居住的权利,但直到甲午中日战争之前,在华外侨人数始终没有太大的增长。据统计,迟至1890年,在华外侨总数仅为8081人。其中以英国人最多,计3317人,其次为美国人、日本人、德国人。到了民国初年,外侨人数有了飞跃的增长。1912年时已高达144664人,1931年更增至370393人。其主要原因,是来华的日本人剧增。1912年时来华日本人为75210人,占外侨总数的52%;1931年时增至260621人,占70%。其次为俄国人。原在东北境内的俄国人数即已不少,俄国十月革命后乃至国内战争期间,更有大批旧俄政权的拥护者逃入中国。据1931年海关调查,在华的26万日本人中,约有17万居住在中国东北;在华的6.6万俄国人中,约6万人也住在东北。

日本侵华战争期间的人口流迁

1929年资本主义世界的经济危机对日本形成了猛烈冲击。其统治集团为摆脱国内困境，急于发动侵略中国东北的战争。1931年9月18日夜，日本驻屯中国东北的关东军发动了蓄谋已久的九一八事变，突然袭击中国东北军驻地并夺取沈阳。在南京国民政府的"绝对抱不抵抗主义"的姑息方针指导下，东北军大都不战而退。日军气焰嚣张，迅速占领整个东北，第二年即策划成立了"满洲国"傀儡政权。数十万东北军及其眷属痛失家园故土。大批不愿做亡国奴的东北学生和其他人士也相继流亡入关。悲怆凄凉的《松花江上》道出了流落关内的东北各界人士的共同心声。关内人口向东北的迁徙也同时遭到抑制，移民人数明显减少，并一度出现了人口回流。

日本早就图谋将中国东北变为它的殖民地。1904～1905年日俄战争之后，东北南部（南满）已成为日本的势力范围。但整个东北仍是中国领土，存在着各级政权机构，日本无法公开反对中国关内人口向东北的迁移，只能在自己控制的铁路线上对移民"依然收费，独不减价"。1934年，一位名叫饭田茂三郎的日本人曾专门就中国关内大批移民进入东北和日本自己在东北移民的"失败"作了如下反省：

日俄战争至今日28年间，东三省的汉民族增加了约1400万,又"九一八"事变以前,入满的汉民族,每年平均一百万人。至于日本人住在满洲的数目,在"九一八"事变前,约17万人,且大部分为南满洲铁道会社及其旁系会社的使用人,若农业的移民,可说绝无。费巨亿的金钱,流数十万精兵的血赢得的势力范围,而看到这种结果的日本人,今后所采用的对满政策,在著者看来,是应该深切反省的。西洋人说"欧洲人饲牛,而中国人榨其乳",这句话著者以为可以适用于日俄战争以后,"九一八"事变以前的满洲……日本政府当局,尤其是日本国民,如果对于过去二十余年间的失败不加反省,则十年后满洲实际的主权,必再归入汉民族之手。

实际上,日本侵略者在一旦占领整个东北后,便已着手在海、陆两路全面抑制中国关内人口流入东北,同时集中力量向东北大批移殖日本人和朝鲜人。

在北方人口向东北迁移遭到抑制的同时,南方粤、闽二省人口向南洋等地的发展也连受挫折。20世纪30年代初,由于东南亚各国同样受到世界经济危机的猛烈冲击,锡矿和橡胶市场萧条,工农业生产衰退,华侨的处境变得艰难起来。暹罗、荷属东印度、马来亚、越南、菲律宾等地,都采取严格限制华侨入境的政策,或者猛增华侨入境税、居留税;各国排斥迫害华侨的风潮也到处发生。于是出国华侨人数大减,返国人数超过出国人数。1931年,自海外归国的华侨为28万人，出国者仅14万~15万人。1934年后情形有所缓和，但直到1937年，出国人数始终未能达到20年代极盛时的规模。

在此期间，还发生了一起在中国人口迁移史上具有重大意义的事件，这就是中国工农红军的二万五千里长征。1927年大革命失败后，中国共产党在南方的乡村地区建立了若干红色根据地，轰轰烈烈地开展了土地革命斗争。以蒋介石为代表的南京国民党政府在"攘外必先安内，统一方能御侮"的借口下，集中主力先后多次发动了对各根据地红军的"清剿"。由于共产党内"左"倾路线的指导以及军事指挥上的一系列错误，在江西中央革命根据地的红一方面军（中央红军）不能打破敌军的第五次"围剿"，被迫于1934年10月实行战略转移。其他根据地的红军也分头转移。数十万红军长途跋涉，爬雪山，过草地，克服了常人难以想象的困难，历时一年以上，行程上万公里（第一方面军中行程最远的部队达2.5万里），先后到达陕北根据地。史无前例的长征，是人口迁徙的壮举，为中共将立足点转入北方奠定了基础。

1937年7月7日，日本以卢沟桥事变为起点，发动了旨在灭亡整个中国的侵略战争。中国的全面抗战因此而爆发。

战事首先在华北的北平（今北京）、天津一带和华东的上海地区展开。在战争最初的几个月里，中国政府缺乏应有的准备和动员，致使军队和人民的生命财产蒙受了极大的损失，1937年夏秋，华北的大片国土沦陷,接着华东又沦于敌手,连首都南京也被迫于同年12月放弃。30余万南京军民惨遭日本侵略军的屠杀。国民党的中央军嫡系部队约有1/3以上损失于上海和长江下游的战斗中。1929~1937年间毕业于中国军校的两万余名训练有素的低级军官中,至少有一万人在战争最初的四个月中阵亡。更为严重的是,中国近代工业的70%均在沿海一带,而上海就独占一半,战争开始后,大都来不及撤退而沦于敌手。

政府机关、公教人员和青年学生,以及大批城市居民被迫向后方撤退。沦陷区的难民也辗转向安全地带逃亡。随着战争的深入,人口迁移的洪流,先是涌向以武汉三镇为中心的华中地区,在1938年10月广州、武汉弃守后,又分别向以重庆、西安为中心的西南、西北地区流动。抗战期间的内徙人口并没有可靠的统计数字。据估计,从沦陷区中撤出的人员,至少在2000万人以上。

华北、华东大批城市人口的内迁,使得西南、西北的城市人口不断上升,并促进了这些原本相对闭塞、落后地区经济文化的发展。云南省会昆明,在战前仅有14万人口,到抗战开始后的1938年,大约有6万人涌入,其中大部分在昆明及其郊区安下家。战前昆明仅有一所云南大学。1938年,国内最有名的北京、清华、南开三所大学迁至,组成西南联合大学。加上其他星罗棋布于城市内外的学校,竟使昆明几于一夜间从文化沙漠变为知识界、文化界乃至政界人士施展其本领的中心。

除西南、西北的大后方外，在1941年太平洋战争爆发前，已成孤岛的上海租界区，以及香港、东南亚各地也容纳了大批逃难人口。甚至还有远赴欧、美避难的。

日本限制中国关内移民进入东北的政策，在1939年欧洲战事爆发后有了根本的变化。由于其本土的人力资源日渐匮乏，日本转而采取鼓励乃至强制关内青壮年劳动力进入东北的做法。1941年太平洋战争爆发后，它更疯狂地对中国的人力资源进行掠夺。据估计，仅1941年出关的劳工就达100万人。1942年更增至120万人。在日伪统治时期以各种形式进入东北的移民总数在600万～800万人。被掠夺到朝鲜及日本本土服役的中国劳工也有数十万之多。由于日本侵略者的残酷虐待，上述输往东北及朝鲜、日本的劳工死亡率极高，有的在运送过程中即大量死亡，还有的因参与军事工程而在完工后惨遭集体屠戮。

日本所发动的侵华战争，给中国人民带来了空前的苦难。由于日军采取了可耻的"三光作战"，即"对敌人不分军民全部的杀光，将财物资源全部抢光，将人民居住的市街、村庄全部烧光"，中国人民直接死于战争行为及因此而造成的非正常死亡已无可数计。一般估计，在八年抗日战争中，中国的人口损失约在2000万～3000万人，但也有人认为，可能在5000万人以上。至于在1995年中国人民抗日战争胜利五十周年之际，中国方面作出的在八年抗战中，中国军民的伤亡3500万人的说法，其实是相当保守的估计。

然而战争本身对于中华民族又起了警醒的作用。这一古老而伟大的民族，似乎只有到了最危急的生死存亡关头，才能真正激发出自己潜藏的活力。战争唤醒了五亿中国人民的民族意识，并从而显示出超凡的凝聚力。战争时期的人口流迁，成了增强这种凝聚力的最好催化剂。当东部沿海上千万城市人口向后方撤退、疏散之时，当更多的沦陷区人民在敌寇的铁蹄下惨遭蹂躏、痛苦挣扎之时，大后方的广西、云南、四川、甘肃等省，都曾动员起数十万本省子弟开赴抗日前线。大批学生和知识青年纷纷投笔从戎，请缨赴敌。远在海外的华侨，也为祖国的抗战尽其财力物力以至人力的支援。中国共产党领导下的八路军、新四军，更以英勇无畏的气概，向敌后挺进与展开。他们动员和组织起一切爱国的人们，投入到抗日救亡与民族解放的艰苦卓绝的伟大斗争中去。在华北平原与江南水乡，从白山黑水到椰林蕉丛，到处都活跃着中国人民的抗日武装力量。八年抗战，最终以重新屹立于世界民族之林的中国人民的胜利而告结束！

4 革命根据地与解放区的人口发展

第二次国内革命战争时期，在1927年到1934年10月的7年中，共产党领导下的中国工农红军和革命根据地从无到有，从小到大，逐步得到发展。全国红军最多时曾达到30万人，根据地曾遍布10余省的边界地区。中央根据地（赣南、闽西）在1931年第三次反"围剿"胜利后的大发展时期，最多拥有21个县城，面积达5万平方公里，人口约250万。但1934年10月第五次反"围剿"失败后，红军主力先后被迫进行大规模战略转移。到1936年，除陕北等少数根据地外，绝大部分都丢失了。各根据地的人口也因国民党的屠杀政策而遭到严重损失。

1937年抗日战争爆发时，共产党仅拥有陕甘宁边区作为自己的战略后方基地。到1941年时，边区共拥有29个县市，约150万人口。但八路军、新四军积极向敌后挺进。到1940年底，八路军发展到40万人，在华北敌后解放了4000万人民；新四军发展到10万人，在华中敌后解放了1300万人民。包括游击区在内，全解放区人口约达1亿。1942年，由于日本侵略军的残酷扫荡，华北解放区人口缩小至2500万。但华中解放区仍维持发展局面，人口达2000万。1944年春，解放区（包括游击区）人口又上升至8600万。此时敌后大的解放区已有14个。连陕甘宁边区在内，抗日民主政权有行政公署22个，专员公署90个，县政府635个。1944年末，解放区面积已达935960平方公里，人口达9150万；1945年更发展为956960平方公里，9550万人口。但因战争环境之故，上述统计大多是利用抗日战争前的旧有资料加以估算而得出来的。

第三次国内革命战争时期，随着人民解放军由战略防御转为战略进攻，解放区的人口统计事业也相应地得到发展。人民解放军历年的战绩公报中，除有关战绩统计外，还列有解放区面积、人口和城市发展等的专项统计。据记载：1946年1月，解放区共有人口14900万人，约占全国人口45000万人的1/3；1947年6月，下降为13100万人；1948年6月，复上升为16800万人，占全国人口45000万人的37%；1949年6月，更升为27927.4万人，占全国人口47500万的58.79%。然而由于当时全国大部分地区尚未获得解放，全国人口总数只是估计的约数，解放区人口的统计也不是很准确。1949年6月以后，各新、老解放区普遍进行了初步的人口调查，由于此时全国已接近全部解放，对全国人口的总数也得以提出修正。截至1950年6月为止，全国已解放国土面积849.55万平方公里，已解放人口48283.2万。

但战绩公报所公布的1949、1950两年的年中人数仍大大低于1953年全国人口普查后重新发表的数字。据1985年《中国人口年鉴》，1949年年末中国大陆人口为54167万人，1950年年末为55196万人（均含现役军人）。这说明：即使在解放区政权稳定，人民开始安居乐业的情况下，人口统计数仍有可能大大低于实际人口。

八　人口结构种种

　　人的本质并不是单个人所固有的抽象物。在其现实性上，它是一切社会关系的总和。

　　　　　——马克思：《关于费尔巴哈的提纲》（1845）

十五从军征，六十应得归

　　人口并不是混沌的关于整体的表象，而是一个具有许多规定和关系的丰富的总体。正如一位人口学家所指出的："可以将人口看做在总体上构成社会主体的不断更新的人口社会集团。或者说，看作物质构成，其实际存在表现于社会联系和社会关系体系之中……"

　　所谓人口结构，又称人口构成，就是从一定的规定性来看人口的内部关系。这些规定性是客观存在的反映，体现了人们对人口本质属性的认识。性别与年龄结构，属于最基本的人口结构，也即人口的自然结构系统。

中国历代统治者都很注意人口中的男女性别和年龄结构的划分，以掌握劳动人口，尤其是男性成年人口的状况。人口性别结构的划分，也即男女两性的区别，是极为显见的事实。中国特有的阴阳学说，强化了男女性别之间的差异。传统习俗中的"男尊女卑"、"夫为妻纲"等等，都与这种学说有关。人口的年龄结构则具有一定的模糊性。因为幼年与成年、成年与老年的界限是相对的，只能以某些特定的年龄为界，进行人为的划分。对于年龄，中国有自己传统的计算方法：以出生当年的一岁，即所谓"落地虚一岁"，以后每过一次新年便增加一岁。这种"虚岁"计算法方便、实用，有利于官府对同年出生的人口也即出生同批人的掌握，因而一直沿袭下来。

对于成年，以及与之相应的幼年和老年的划分，历代王朝并不完全一致。汉代以 20 岁为成丁。《汉书·食货志》追溯先王之制时说：民年 20 岁受田，60 岁归田。70 岁以上的老人，由国家奉养；10 岁以下的孩童，国家抚育他成长；11 岁以上的少年，国家劝勉他学习技艺。但汉初又规定：男女年 15 以上至 56 岁都要出赋钱，每人一百二十钱为一算。晋代进一步规定："男女年十六以上至六十为正丁；十五以下至十三，六十一以上至六十五为次丁；十二以下、六十六以上为老小。"唐代规定："凡民始生为黄，四岁为小，十六为中，二十一为丁，六十为老。"宋代全国总人口开始突破 1 亿大关，对成年人的掌握也开始偏重男性，规定："男夫二十为丁，六十为老。"明代将男丁分为成丁与未成丁二等:"民始生籍其名曰不成丁,年十六曰成丁。成丁而役,六十而免。"清承明制,一般将男子称为丁,女子称为口,男子16岁到60岁为成丁,未成丁有时也称作口。太平天国的纲领性文件《天朝田亩制度》中,也以16岁作为男女成年的标志,规定:"凡男妇,每一人自十六岁以上,受田多逾十五岁以下一半。"

可见自汉至清的两千余年中,大体上是以15岁以下为幼年,16岁到60岁为成年,60以上为老年。这种划分,是适应当时的生产力水平和人口发展状况的,即使在今天看来也仍是较为合理的。历代的成丁,都要负担一定的赋役。对不成丁的老幼,则注意有所养或有所长。对70以上的老人,历代王朝一般都有若干优惠的奉养政策。因此,汉乐府《紫骝马》歌辞中"十五从军征,八十始得归"的名句,看来很可能是"十五从军征,六十始得归"在传抄中的笔误。因为年过60的老人,极少被征发服役的,更不待说年届八旬的耄耋之人了!

到了清代,成丁的服役早已为代役性的丁赋所取代。而自雍正年间"摊丁入地"后,人头税实际上已被取消。与征收丁赋相关的人丁编审制度也于乾隆年间被废止。乾隆以后的户口统计,通常多为"大小男妇"的合计数,而较少有按性别,尤其是按年龄指标的详细分类。根据我们尽力搜集的资料,尤其是省级政区的若干统计资料,大致可以得出这样的结果:清代中叶(太平天国革命爆发前)中国人口的性别比约在113～119之间（即每100女性人口相应有113～119男性人口），15虚岁以下儿童人口约占总人口的31%～42%。

清末宣统年间的人口调查，如能按规定执行，是应能取得关于当时人口性别年龄结构的完整资料的，可惜草草了结，无法加以利用。民国时期的各种人口调查统计，多有性别年龄结构的资料。但除一些抽样调查的数据外，可信度也很成问题。较可靠的调查资料表明：1932～1939年间中国人口的性别比约为112.2。另据抽样调查，截至1932年底中国乡村人口的男女性别比为109.5（其中成人为109.1，儿童为110.4），儿童占总人口的34.5%。抗日战争胜利后，据当时国民政府的调查统计，1946年全国人口的性别比为110.00，1947年上半年为110.01，下半年为109.52。这与1949年的性别比108.16已相当接近了。

如果我们比较一下清代与民国时期中国人口的性别比，就会发现：清时期男性人口比例要略略偏高一些。究其原因，一是传统习俗重男轻女。很多地区溺弃女婴成风，而成年女子因卫生条件差，死亡率也较男子为高。再就是女性人口的少报、漏报。不少地方出于安全等方面的考虑，保甲门牌中甚至妇女人数都不列出，以致人为地造成登记人口中男性过于偏高的现象。民国时期的性别比呈下降趋势，原因也有两个方面：一是有关调查，尤其是抽样调查的结果相比清代而言较准确些，从而减少了女性人口人为的统计误差。而这与民国时期风气渐开，女性地位相应有所提高的大环境也有关系。二是由于多年战争的影响,成年男子的死亡率有所增长。如受战争影响程度最深的山东、江西等省,1949年人口性别比都在100以下。山东甚至仅为93.6,直到1955年后两性人口才渐趋平衡。当然,除战争死亡外,山东省参军、支前者多,南下干部多,也是造成该省性别比大幅度下降的重要因素。

对于近代人口的年龄结构,因为既有的可信资料太少,我们只能大约地得出:清代中叶人口中,儿童所占比例要略高于民国时期,从而更接近"前进型"或增长型人口。

妇,与夫齐者也

家庭是基于婚姻关系、血缘关系和收养关系而形成的社会生活共同体,是人口再生产的单位。而婚姻,是男女两性结合的社会形式,是建立家庭实现人类自身生产的前提。婚姻与家庭,是紧密联系在一起的一对范畴。

婚姻 中国传统社会所通行的基本婚姻形式是一夫一妻、男婚女嫁。缔结婚姻关系一般都必须经父母之命、媒妁之言,并举行一定的仪式。历代王朝,上自皇帝,下至平民百姓,明媒正娶的妻只能有一个。多妻则为法律所禁止。传统礼教与法律强调男尊女卑,夫为妻纲,妇人有三从之道,即"幼从父兄,既嫁从夫,夫死从子"等等。不过在名义上,夫妻的地位仍是对等的。按照《说文解字》的解释,妻即"妇,与夫齐者也";而妇,"服也,从女持帚洒扫也",其职责是主内,即操持家务。现代婚姻法理视为一夫多妻的纳妾制,在传统的习俗和法律上并不被认为是多妻,因妾的身份地位低下,不被认为是家庭的正式成员。正如瞿同祖在《中国法律与中国社会》一书中所分析的:"古人说聘则为妻,奔则为妾,妾是买来的,根本不能行婚姻之礼,不能具备婚姻的种种仪式,断不能称此种结合为婚姻,而以夫的配偶目之。妾者接也,字的含义即指示非偶,所以妾以夫为君,为家长,俗称老爷,而不能以之为夫。所谓君,所谓家长,实即主人之意。"因此,历代法律只禁多妻,而不禁纳妾。

民国时期,1929年公布的民法中禁止重婚,凡妾都属不合法,但在司法实践中又默认妾的存在。这就充分体现了这一时期婚姻法制的过渡性特点。在人口登记时,妾被列入"同居家属",但其身份则不予注明。直到1950年《中华人民共和国婚姻法》公布施行,明令禁止重婚纳妾,才结束了这种事实上的一夫多妻习俗。

中国传统的婚嫁年龄普遍较低,早婚已成习俗。但在三千年前的周初,男子的婚龄大概还是很高的。据《周礼·地官》的记载,周人的婚嫁年龄为"男三十而娶,女二十而嫁"。男子婚龄之高,很可能是周初生产力低下的反映。因为据人类学家在20世纪初所搜集的资料,那些生产力迄今仍很低下的原始民族,其男子几乎都有晚婚的习俗。不过至迟在春秋时代,周人的晚婚习俗已开始被早婚所替代。据记载，齐桓公曾下令："丈夫二十而室，妇人十五而嫁。"当时的一些思想家，如墨子，也竭力主张早婚，以尽快增殖人口。这显然是小农经济开始在"礼崩乐坏"中产生，本身迫切需要劳动力；而社会生产得到发展，又确实能够供养较多人口的表现。此后，自汉唐直到明清，法定婚龄大体维持在男16岁，女14岁。清代的平均婚龄，据估计，女子约在17～18岁，男子在21～25岁。

民国时期法定婚龄提高为男年满18岁，女年满16岁。男女平均婚龄，据抽样调查，男子约为20岁，女子约为18岁。其实际结婚年龄，20岁以前结婚的男子超过70%以上，女子则将近90%。由于经济和社会等方面的原因，男子有过30岁以后才结婚的，但女子很少有超过25岁才出嫁的。

中国人口的婚姻率，一般认为是很高的。民国时甚至有人认为中国是世界"最高婚姻率国"。而根据既有的初步研究，清代中叶以前的婚姻率，可能比民国时期还要更高些。

家庭结构　　家庭是社会的细胞。作为人口再生产的基本单位，家庭一般还必须具有物质财富再生产的功能。而生产、分配、继承、消费等，都要通过家庭才能得以实现。不同的社会中，往往因此而形成不同的家庭制度。中国传统社会以宗法思想为指导，以男性家长占统治地位的家庭制度，是在土地私有和小农生产方式的基础上发展起来的，因为具有自身的结构特点。

考察家庭结构,通常有三个指标:家庭类型,可分为核心家庭(由一对夫妻及其未婚子女所组成)、直系家庭(父母和一个已婚子女及其配偶、后代所组成,又称主干家庭)、复合家庭(父母和两个或多个已婚子女及其配偶、后代所组成,又称联合家庭)等;家庭世代,可分为一代人家庭、二代人家庭、三代乃至多代人家庭等;家庭规模,也即家庭人口的多少。这三者互相联系,互相制约。

在清代,复合家庭是家庭发展的最高阶段和主要价值取向。一对年轻夫妇结婚建立小家庭后,通常总会历经核心家庭、直系家庭乃至复合家庭等表现为不同类型家庭的发展阶段,而以复合家庭为其最高表现形式。复合家庭形式的存在,可以追溯到三千年前的周初。体现了中国先民智慧结晶的《周易》中,就有题为"家人"卦的,其卦象为离下巽上(䷤),表示一家之人。据宋人朱熹解释说:此卦的初、三、五、上均为阳爻,代表家庭中的男性;二、四为阴爻,代表家庭中的女性。具体地说,上九为父,九五、六四为长子夫妇,九三、六二为次子夫妇,初九为长孙。那么,"家人"卦所表示的正是一个典型的复合家庭。家长制下的复合家庭受国家法律的保护。清代《户部则例》规定:"凡祖父母、父母在,子孙不准别立户籍,分异财产。其父母许令分财异居者听。"《清律例·户律》中还有对"别籍异财"处罚的具体规定。

累世同居的复合式大家庭为社会所尊重。但一般的复合家庭很少超过三代。祖父母一逝世，子孙就可分居，家庭又只包括父母及其子女了。因此，复合家庭在绝对数上并不比核心家庭、直系家庭更占优势。有人曾对咸丰年间山东宁海州的各类家庭进行过统计分析，得出：核心家庭约占总户数的35.5%，直系家庭占29.4%，复合家庭占33.0%，残缺家庭仅占2.0%。若略去残缺家庭不计，三类完整家庭三分鼎立，大体上各占1/3。

从家庭规模来看，所谓"八口之家"大约是普通农家的理想模式。战国时代的孟子鼓吹过"百亩之田，勿夺其时，八口之家可以无饥矣"。清代仍以八口之家为典型代表，如同治《萍乡县志》说："八口之家，耕不过二、三人，田不过十数亩，收不过数十石。"有意思的是，太平天国早期领导人萧朝贵在假借"天兄"下凡时，竟情不自禁地流露出他本人也即普通农民的生育意识及其所憧憬的理想家庭模式："朕有三子二女：长子十八岁，次子十五岁，三子十三岁；长女十六岁，幼女十一岁——还未安名也。"可见他所希望拥有的是一个由夫妻及三子二女组成的七口之家。而子与女的数目及其年岁间隔，也都是理想化的：长子、长女已届婚龄，行将娶嫁，次子、三子在农田劳动中已可得力，膝边还有一弄瓦的幼女以点缀天伦之乐。

然而清代家庭的平均规模却和历代一样，仍只是五口左右而不是八口。据统计，全国平均户量在1820年时约为每户5.4人，1911年时约为5.2人。这是因为新立门户的核心家庭往往只有夫妻二人或至多一二个子女,有的家庭甚至始终不能达到八口之家的规模;而"一夫挟五口"的生产力水平的制约,很可能是造成每户平均5人左右的根本原因!随着民国的建立和专制王朝的被推翻,全靠宗法制维系的复合大家庭失去了提供法律保护的政治基础。加之社会动荡加剧,复合大家庭也无法适应外界环境的剧烈变化,小规模的以一夫一妻为主的核心家庭逐渐成为社会的趋势,从而导致了民国时期平均户量的进一步缩减。据有关方面的抽样调查,20年代末、30年代初的平均户量为5.2人,30年代末、40年代初降为4.8人。中华人民共和国成立后,各新老解放区均经过土地改革,分门另立的核心小家庭数目剧增,从而导致了户均人口的再次大幅度下降。1953年第一次人口普查,全国大陆共有13411万户,58060万人,平均户量为4.33人。此后历年迭有增减,最少时为1961年的4.30人,最多时为1971年的4.84人。再后则因抓计划生育,而又呈逐年减少的趋势了。

3 田大半归富户,民大半皆耕丁

人口的阶级结构,属于人口社会经济结构的范畴。自清代以来,中国乡村社会中主要对抗的两大社会经济集团,即地主和农民,开始具备了若干新的特点。首先,缙绅地主的特权垄断地位有所削弱,无功名官爵的庶民地主(多为中小地主)大为发展。乡居的地主中绝大多数是庶民地主,他们以及与他们直接对立的佃农还有广泛存在的自耕农同属于四民中"农"的行列。乡村中原有贱民等级，如一些地区的奴仆、伴当等，也在清代相继得到开豁。雇工人的法律地位，则因庶民地主的大量存在而有所提高。因此，就一般情形而言，自清代至民国，乡村中的地主与农民，已没有明显的社会等级上的差异。其次，与小农经济相适应的土地占有及其使用方式，也在这一时期得到了最为充分的发展。土地的私有与自由买卖，使得地权的转换变得极为频繁。所谓"人之贫富不定，则田之去来无常"，"田地无定主，有钱则买，无钱则卖"，反映的都是清代的情形。地主与农民之间，尤其是那些处于边缘的中小地主与富裕农民之间，没有什么不可逾越的鸿沟。土地的所有权与使用权进一步分离，还使得不少地方出现了地主与佃户分掌"田底"与"田面"的现象，地主对土地的任意支配权也受到抑制。

上面所说的新特点，使我们有可能摆脱社会等级因素的干扰，从而更合理地从经济的角度对清代以来的乡村人口作出阶级结构的划分。而在实践中，已经形成了一些行之有效的分类方法。一是直接根据每户土地占有的多少，分为大户、中户、下户，或大农、中农、下农。二是根据土地占有与使用方式，分为业户、佃户，"业户输赋，佃户交租"。民国时期，又有自耕农、半自耕农及佃农的划分。三是根据拥有的土地、工具、活动资本等生产资料的多少，剥削收入与劳动收入占其生活来源成分的多少，是否出卖劳动力以及生活水平的高低等综合指标，将乡村人口区分为地主、富农、中农、贫农及雇农等。这一划分的基准是处于中间状态的中农（基本上是自耕农）：中农一般不剥削别人，也不需出卖劳动力。地主与富农因为占有生产资料的富余，以剥削收入作为生活的主要来源；他们的区别又在于地主以土地出租为主，自己不参加劳动或只有辅助性劳动，富农以雇工剥削为主，自己也参加劳动。贫雇农因为生产资料匮乏，必须部分或全部出卖自己的劳动力。是否出租或佃进土地已不再是划分的唯一或主要依据。这种划分，是中国共产党人依据马克思主义的有关学说，在长期土地斗争的实践中逐步形成的，因而更具科学的合理性。

　　然而对于清代各时期乡村人口的阶级结构，还只能通过对土地占有的状况进行分析。有关记载表明：即使在清代前期，土地占有的两极分化也是时时处处存在着的。康熙四十三年（1704）的一份上谕揭示：大地主占有大部分土地，乡居的有田产的农户（应包括一部分中小地主）约占乡村人口的30%～40%，佃农均占60%～70%。乾隆年间的官员杨锡绂说："近日田之归于富户者，大约十之五六；旧时有田之人，今俱为佃耕之户。"这一段论述常被人们用以说明清代中期土地集中的趋势。但它表明：乾隆年间富户所占土地仍不过50%～60%。江苏江阴县与湖南巴陵县的材料也一致表明：农业人口中佃农占60%。土地并没有更多地集中到地主手中。值得注意的是，即使像太平天国战争这样的全国性大战乱，也没有从根本上改变乡村人口的阶级结构以及土地占有的高度分化现象。

根据经济史学家李文治搜集的资料,在1871~1905年间,佃农或无地户占全体农户的比例,最大者为江苏苏州,达80%~90%;最小者为直隶武清,占30%;多数地区为50%~60%。经计算,均值为55%。这一比例与清代前中期大致相同。土地并没有更多地分散到广大农民手中。

民国时期对乡村人口阶级结构有了较多的调查统计。如果仅从租佃关系的角度考察,以金陵大学农经系卜凯(J. L. Buck)教授主持的调查最具有代表性:1921~1924年间,以全国37处地方平均计算,佃农占60%。而从诸方面因素综合考察,最具权威性的当推毛泽东的一系列乡村调查。他于1927年初提出的调查结论是:乡村人口中,贫农占70%,中农占20%,地主和富农占10%。这一结论得到了其他一系列调查,尤其是40年代末、50年代初土地改革运动中大量调查的印证。1947年底,毛泽东曾估计地主富农在乡村人口中所占比例为8%左右(以户为单位计算),占有土地则占全部土地的70%~80%。他提出的人口比例基本上得到了证实,但地主富农占有土地的比例最后证明仍仅为50%~60%。不但与民国前期,甚至与清代相比也没有任何明显的变化!土地同样没有更多地集中到地主、富农之手。

以上事实表明:自清初以来,尽管随着人口总量的不断增长,中国的人均耕地已呈下降的趋势,也尽管土地的占有权与使用权变动非常频繁,乡村人口的阶级结构却始终维持着稳定。这似乎与我们所熟知的

"土地不断向地主阶级集中"、"贫者益贫,富者益富"的常识相悖!可是我们千万不要忘记:在土地集中的同时还存在着反向的土地分散。这就是在土地私有的前提下的分家析产。汉代以后,财产继承上的长幼嫡庶之别已趋于淡化,但直到元明之时,嫡庶诸子所得家产的多少仍有差异。真正彻底地实行"诸子均分"的原则,是清代才有的事。财产均分继承的原则保障了家庭中同出一父的每个男性后代享有均等的生存与发展机会,同时也抑制了富裕家庭财产的不断积累与扩张。

土地的不断集中与分散,只是各阶级、阶层具体成分不断变更的一种折射。乡村人口阶级结构在总体上的稳定性,应当在它的内部探讨其原因。我们注意到:划分乡村人口阶级结构的基本单位是户而不是个人。由于户是乡村社会中组织生产、安排生活的基本单位,以户为单位的划分要比以个人为单位更为合理些。然而以户为单位的划分同时也掩盖了另一极其重要的基本事实:富裕之家的人口规模要大大高于贫苦之家。乡村家庭的财产主要反映于它所占有土地的多少。那么,乡村家庭人口的多少与占有土地的多少两者之间是否密切相关呢?确是这样,我们利用所见到的各种统计数据,对它们进行了相关分析的计算。结果表明:各家庭人口的多少与其占有土地之间存在着极强的正相关关系。就是说,人口多的家庭占有土地也多;而占有土地少者,其人丁也不可能兴旺。

拥有大量土地的富裕之家有能力养育更多的人口,

从而增殖分化出更多的家庭。土地集中过程的本身就已成为日后再度分散的条件。失去土地的贫寒之家只能是宗嗣绵延的生存竞争中的失败者。正是这一"自然"的但却十分残酷的变动过程，保证了乡村人口在总体的阶级结构上的稳定。

三民居一，而五归农

人口的城乡结构属于人口地域结构系统。

星罗棋布、蔚为壮观的城市已成为地球上最为突出的人文景观。然而城市的出现只有短短数千年的历史。城市的产生需要有两个先决条件：一是十分发达的农业，以供养众多的非农业人口；二是超越家族或血亲以外社会关系的文明。就是说，城市只能产生于社会大分工之后，血缘关系转变为政治关系之后，野蛮时代过渡到文明时代之后。在中国，城市的出现可追溯到约在四千年前兴起的夏王朝。城市一经出现，就与被称为乡村的广大非城市地区形成了对立统一的关系。城市是相对永久性的、高度组织起来的人口集中的地方。汉语的"城市"，是由"城"与"市"这两个不同的概念组合而成。《说文解字》说"城，以盛民也"；"市，买卖所之也"，正好揭示了城市的人口集中和工商业发达这两大基本特点。早在先秦文献中，人们已将"城市"连称，以表达上述概念。

城市与乡村在居民成分上也有很大的差异。古已有之的四民的划分，就体现了这一差异。

四民的提法出现很早,但首先明确四民为士、农、工、商四大社会集团的,是春秋时代齐国的管仲。四民既是职业的划分,也是社会地位的标志。《汉书·食货志》对四民的定义是:"学以居位曰士,辟土殖谷曰农,作巧成器曰工,通财鬻货曰商。"四民的划分,一直沿袭到清末,历时两千数百年之久。管仲本人主张"定民之居,定人之事",不仅将四民按住地严格分开,而且必须世任其业。这一做法,在后世已被打破。但士、工、商主要居住于城市,农民居住于乡村的基本格局,却一直沿袭下来。

士居四民之首,属于社会的上层,享有种种特权。秦汉以后,士的内涵不断演化,明清时已专指尊奉儒家经典为圭臬的衿绅集团。士阶层始终是历代王朝官僚政治的主要支柱。他们不仅以其正统的意识形态教化人民大众,本身也随时为官僚队伍输送人才。士人在总人口中所占比例很小,但流动性强,社会活动能量很大。

商是四民中另一流动性强、活动能量大的社会集团。商业活动是社会生活中极其重要的组成部分,但在强调以农立国的中国传统社会,商却被贬抑为四民之末,不能像士人那样取得优越的政治地位。然而具有讽刺意味的是,商人虽然在政治生活中遭受贬抑,却丝毫不影响他们当中的若干人通过经济活动而发财致富。早在西汉前期,谋臣晁错就说过:"今法律贱商人,商人已富贵矣;尊农夫,农夫已贫贱矣。"

"作巧成器"的工匠,也即手工业劳动者,构成了主要居住于城市的第三个社会集团。工匠一般都有一技之长,因此官府对他们的控制也较严。他们通常被单独编为"匠户",须对官府尽应差的义务。清代自雍正年间起实行赋役制度的改革,匠籍才最后被取消。

农是四民中唯一主要居住于乡村的社会集团,在总人口中占绝对多数。农民以土地为谋生手段,安土重迁,在通常情形下很少流动。受生产力水平的限制,农业生产需要劳动力极多,所以历代王朝都无一例外地采取重农政策,使农民能够附着于土地,即所谓"理民之道,地著为本"。从表面上看,农民的政治地位要高于工、商。比如说,在相当长的时期内,四民之中只有士、农子弟准许参加科举考试。然而在实际生活中,大多数普通农户极易遭受天灾人祸的影响而陷于贫困,也很少有机会进入社会的上层。

四民的划分,只是对城乡人口结构差异的一种大致的勾勒。事实上,中国传统社会中始终存在着若干游离于四民之外的其他人口。比如僧道医卜,这些仍属良民之列;又如倡优隶卒等,是所谓操贱业者,也即贱民。有些服务业,如剃头、轿夫、鼓吹、裁缝、家人、仵作等,习惯上也被认为是贱业,只能由贱民承担。这些四民之外的人口,往往被认为是社会的寄生成分。其中操贱业的贱民,更为社会所轻贱,遭受法律和习俗的种种歧视性限制。

中国传统社会的人口城乡结构,具有高度的稳定性。反映在城市人口与乡村人口在总人口中的相对比重,总是维持在一个相当接近的水平上。

八 人口结构种种

在西方工业革命之前，中国城市的发展，曾长期居于世界的前列。我国著名的六大古都（西安、南京、洛阳、开封、杭州、北京）在历史上都曾达到或超过百万人的规模，成为当时世界上最大的城市。其他的工商业城市，很多也是"世界级"的水平。中国城市的熙来攘往的繁盛景象，给那些境外来的观察家们留下了特别深刻的印象。

中外学者对春秋战国以来中国城市人口的比重进行了考察。结果是很有意思的：

春秋时期，齐国的城市人口约占总人口的8.5%，乡村人口约占91.5%；

汉代，非农业人口约占总人口的10%；

唐代，城市人口的比重为10%；

宋代，城市人口至少占总人口的10%以上。

清代城市的发展，尤其是市镇的发展，在规模和数量上都远超宋代。然而由于清代乡村人口同样有了突飞猛进的增长，城市人口占总人口的比重却不比宋代更高。有两位美国学者，饶济凡（G. Rozman）和施坚雅（G. W. Skinner）曾分别对清代城市人口进行了考察。一位认为直隶的城市化程度最高，另一位则认为长江下游区城市人口比重最高，然而他们所得的结果最多也只在10%左右。中国学者则一致批评这两位的结论失之偏低，因为在总体上看，清代城市人口的比重仍不低于10%。

考察人口城乡结构，除城市人口比重这一指标外，非农业人口所占比重尤其值得注意。而且，由于人们对城市人口划分标准的认识不一，非农业人口比重的指标显得更为重要。清代著名经济思想家包世臣（1775~1855）就曾对四民人口所占比重提出过自己的见解。他认为："三民（士、工、商）居一，而五归农，则地无不垦，百用以给。"就是说，在正常状态下，农业人口应占总人口的 5/6 或 83.3%，非农业人口应占 1/6 或 16.7%。

有意思的是，包氏的这一结论，竟得到了民国以来若干统计资料的印证。金陵大学农经系于民国初年曾对 168 县的全部人口进行过抽样调查，其中分布村庄者 79%，市镇者 11%，城市者 10%。由于这里的村庄人口都是农业人口，市镇人口中也有相当一部分从事农业生产，则全部农业人口应在 80%~85% 之间，与包氏得出的结论大致相符。中华人民共和国成立后，更为可靠的统计表明：1949 年全国城市人口占总人口的 10.6%，非农业人口占总人口的 17.4%。此后由于按城镇行政建制的口径进行统计，全国城市人口的比重叠有增加，至 1978 年已上升为 17.9%；但非农业人口除 1958~1961 年间的特殊情况外，都没有突破包氏所提出的 16.7% 的比重，而 1949~1978 年 30 年平均更仅 16.4%。中国大陆能在 1949 年以后长达 30 年的时间内保持非农业人口与农业人口相对比重的稳定，固然有其具体的历史原因，但这一人口比重竟与一百多年前包世臣的结论惊人的一致，就不会仅仅是一种巧合了。这说明中国传统的人口城乡结构，确实有其高度稳定的内在机制。正是这种高度稳定性，使得中国城市的发展于古代曾长期居于世界的前列，而在近代以来却一直落在后面，并成为世界上城市化程度最低的国家之一（按：1950年世界城市人口为6.98亿，占世界总人口的28.1%；1980年达18.7亿，占42.2%）。

中国人口的城乡结构是相当稳定的，但城市人口和乡村人口一样，总是处于不断的变动之中。在1850年到1949年的一百年间，也即从太平天国革命爆发直到整个民国时期，中国城市的人口，不仅在数量上有过极其激烈的变动，在作为人口本质属性的社会结构上也有了深刻的变化。

士、商与工是中国传统社会城市居民的主要成分。在清末城市体系急剧变动之时，这些成分也开始有了相应的转换。

传统的士属于社会的上层，作为一个自为的社会集团，始终怀有以天下为己任的强烈使命感。清代末叶在外国资本主义及其先进生产力的强劲冲击下，中国社会发生了"亘古未有的变局"，使得传统的士的队伍中首先分化出一批具有崭新视野的人物。他们迫切地试图认识对于广大中国人来说还是相当陌生的西方文明体系。有一些人发愤钻研西方的自然科学知识，更有人远涉重洋，径赴欧美，直接汲取西方文明的精华所在。随着欧风美雨的不断侵袭，清政府于1905年采取了"立停科举以广学校"的行动。新式教育拓宽了人才培养之路，新型知识阶层的人数迅速扩大，而近代化事业的需要，使得这一阶层就业的范围也大为扩展了。除从政者外,从军、经商、兴学校、办实业,都大有人在。有些学有专长的人士,拥有了前所未有的称谓——自由职业者。传统的士的浓郁而狭隘的集团意识大大冲淡了。

商人扮演了更为活跃的角色。清末的社会变动使他们的活力得到了空前的激发。他们中的一些人早就有了与外商打交道的经验。受雇于外商充当译员或经济事务助理的所谓"康白度"(comprador,源于葡萄牙语),也即买办,在鸦片战争前夕就已经出现,而在战后开始形成一个职业集团。由于西方资本主义世界的经济入侵愈演愈烈,买办阶级的势力也愈益壮大。其中一些具有较强民族意识的人士,便竭力鼓吹开展对西方列强的"商战",强调以商为国本。经商成了时髦,而商人的自为意识及其社会地位自然也大为提高。虽然在公开的宣言中,他们只将自己从"士农工商"四民之末提到"士商农工"位居第二,但实质上早已自居时代的中心而雄视天下了。

作为一种社会职业,工在近代的变动要比商深刻得多。因为它直接与近代工业,与先进生产力的发展紧密联系在一起。中国的近代工业首先是由外国资本兴办并掌握的。清末一些富有的官僚、绅士、商人也纷纷投资兴办实业,加上清朝官方的兴办,从而初步形成了中国自己的近代工业体系。由于近代工业具有较大的生产规模,往往需要投入巨额的经营资本,需要有先进的管理知识,兴办工厂的实业家们与产业工人之间的阶级差异,已是传统时代的工场主与普遍工匠们所无法相比的了。

随着近代城市的发展，或者毋宁说，随着中国城市的近代化成分的不断扩大，传统的既体现社会等级又代表职业分野的士、商与工，终于逐步演变为具有近代意义的社会职业分类。

九 人口与历史

> 人类创造着自己的历史,但他永远是大自然的一部分。他与这个世界一起前进、成长。
>
> ——笔者

1 近代人口发展类型探析

1949年10月1日中华人民共和国中央人民政府的成立,宣告了1911年清王朝覆灭以来国内政治动荡局面的终结和一个新的强有力的国家的诞生。作为共产党领导下的国家,它在社会革命的意义上,还标志着1840年以来中国的半殖民地半封建社会的结束和新民主主义社会以至社会主义社会的开始。而从人口史的角度看,它同样预示了一个新的人口发展周期的到来。

中华人民共和国的成立,还使得人们期待已久的全国性人口普查第一次成为现实。全国范围的农业革命和重新分配土地,以家庭人口的需要和生产为基础的粮食统购统销,农村互助组的建立以及很快为合作社所取代，这一切都使国家能同个人建立起更直接的联系。保甲制度被废除了，地方行政机关无需借助它即能迅速得到相当准确的人口数字。1953年中央人民政府政务院决定举行人口普查，并确定以6月30日24时（即7月1日0时）为人口调查登记的计算标准时间。普查的结果，据公布，全国总人口为601938035人，除去台湾省、香港、澳门同胞和海外侨胞，大陆人口为582603417人，其中直接调查574205940人。

这次全国人口普查，使得人们对近代中国人口状况的分析研究有了可靠的依据。1959年，联合国经济社会事务部根据1953年中国人口普查数据和其他有关的生命统计，不仅对1950~1980年的中国人口发展作了预测，还对1900~1950年间的中国人口进行了回溯性的推算。据认为：1900年时，中国人口约为4.43亿；1920年达4.76亿；1930年时已高达4.93亿。这一估计揭示了中国的实际人口，要比当时人们所能承认的高出许多。

至此我们已考察了自清初直到中华人民共和国成立三百年间中国人口变动的状况。在补充1620年和1990年的人口数据后，我们就可以进一步探析近代中国人口的发展类型了（参见表9-1）。我们不妨先就1840年鸦片战争爆发到1949年中华人民共和国成立这109年时间考察一下近代中国人口的变动。这是人们所熟知的近代政治史的划分。于此我们看到了一幅极其缓慢的人口发展画面：

表 9-1　1620~1990 年中国人口变动概况

年　代	人口（百万）	年平均增长率（‰）
1620	160	-19.0
1650	90	3.5
1680	100	11.6
1740	200	9.0
1810	374	4.6
1850	450	-9.7
1870	370	6.0
1900	443	3.6
1940	512	9.3
1950	562	18.3
1990	1160	

说明：1950 年、1990 年两年的人口统计均含港澳台人口，其余各年代均为估计数。

1840 年，当时的官方人口统计为 41281 万人；1949 年，据 1953 年人口普查后重新公布的数字为 54167 万人，平均年增长率仅为 2.5‰。如果 1840 年的人口按修正后的估计值 43300 万人计算，平均年增长率将更低至 2.0‰。这是一种过低水平的增长速率。一些人正是基于此才作出中国近代人口的发展属于停滞型或萎缩型的结论。

然而这种停滞或萎缩，只是短暂的和片面割裂的表象。只要我们扩大一下视野，把近代人口的发展追溯到明末清初的 17 世纪中叶，并将这一时期的人口发展置于整个中国人口发展的历史长河中来考察，其基本脉络就清楚了（参见图 9-1）：

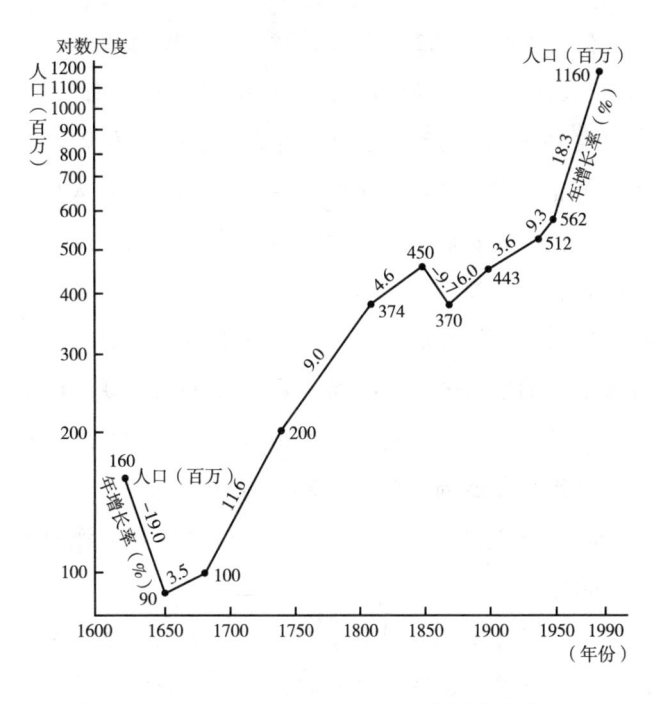

图 9-1　1620~1990 年中国人口及其增长率的变动

第一，中国人口的规模在清代以来即处于不断的扩展之中。清初，也即 1650 年前后，中国人口仅 0.9 亿左右；而到乾隆初年，即 1740 年前后已上升至 2 亿，超过历史最高水平；到道光初年，即 1820 年前后再翻一番，达到 4 亿。此后人口增长虽减缓，并于 1850 年后一度锐减，但 1930 年前后还是达到 5 亿。1950 年时已高达 5.62 亿，而终于成为当代中国人口发展的基础。

第二，清代以来中国人口的发展并非直线上升的持续增长，而是明显地仍受周期波动的影响。如以 1650 年，即清初的谷值年为始，而以 1870 年，即清末的谷值年为终，则 220 年间形成一个完整的人口发展周期。其增长最迅速的阶段在 1680～1740 年期间，而峰值在 1850 年前后。由 1850 年的峰值 4.5 亿下跌到 1870 年的谷值 3.7 亿，虽仅短短的 20 年，损失人口的绝对数却有 0.8 亿，超出中国历史上任一人口周期相应阶段的人口损失。但因为人口基数大，损失人口占总人口的比重却比历代为小。史书中多次记载的"人口减半"的情形已不再出现。至于 1870～1950 年间的人口发展，现在已可越益清楚地看出来：这不过是通向一个新的发展周期的过渡环节或初始阶段，——这一新的周期还刚刚开始展开，现在就对其妄加评说未免为时过早。

鉴于 17 世纪以来中国近代人口发展的上述基本特征，我们可以称之为"具有周期波动机制的增长型人口"。

2 人口解释历史与历史地解释人口

任何对中国人口史感兴趣的人总会面临人口与历史的关系问题。中国历史悠久，人口众多，每一王朝的兴衰治乱，几乎都相应地伴随着人口的增减变化。王朝的周期与人口的周期有时是那么吻合，当然会促使人们探讨两者之间可能具有的种种联系。尤其是清代以来中国人口有了空前的增长，而在 19 世纪中叶又爆发了被人称为"世界上最大的内战"的太平天国革命，人们更是不可避免地思索着这样的问题：是否清代人口的增长引发了太平天国革命？

一派人试图以人口数量的增减变化来说明中国的历史。所谓"人满为患"便是其观点的最为精要的概括。清末以后，舶来的马尔萨斯主义更加坚定了这一派人的信念。

中国很早就有"人满"之说。至迟成书于战国时代的《管子·霸言篇》对此有精辟的论述："地大而不为，命曰土满；人众而不理，命曰人满；兵威而不止，命曰武满。三满而不止，国非其国也。"可见"人满"的最初含义是指人口众多而缺乏有效的管理。这是古人辩证思想的结晶，与后世单纯指"人口过多"、"人口过剩"的含义是截然不同的。"人满为患"之说大约到明清两代才逐渐形成。明代后期学者徐光启（1562~1633）曾认真探讨过人口增长问题。他认为："夫谓古民多，后世之民少，必不然也。生人之率，大抵三十年而加一倍。自非有大兵革，则不得减。"这比英国学者马尔萨斯（T. R. Malthus，1766~1834）的类似说法早了160多年。清代自康熙末年起，人口渐渐超过明代盛年。到了乾隆末年，朝野都已感受到了人口的沉重压力。被人称为"中国马尔萨斯"的洪亮吉就是在乾隆五十八年（1793）提出他的著名论点的。然而，真正把"人多"与"世乱"联系在一起的，还是一位出身于破落商人家庭，亲身经历了太平天国革命的文人汪士铎（1814~1889）。汪氏的中心论点是："世乱之由：人多（女人多，故人多）。人多则穷（地不足养）。"他在"人多"与"世乱"之间引进了"地不足养"的附加变项,从而使两者的因果关系明确起来。

汪士铎的言论在当时并没有公开发表,此后在数十年的时间内也不见有人响应。究其原因,应与太平天国战后人口损失惨重的现实有关。直到19~20世纪之交,随着中国人口逐渐恢复到太平天国战前的旧观,加之马尔萨斯学说的传入,人们才重新意识到,人口的消长确乎与国家的治乱有关。著名启蒙思想家严复(1854~1921)说:中国由于承平时期人口不断增长,"积数百年,地不足养,循至大乱,积骸如莽,流血成渠;时暂者十余年,久者几(jī,音机)百年,直至人数大减,其乱渐定。乃并百人之产,以养一人,衣食既足,自然不为盗贼,而天下相安。生于民满之日而遭乱者,号为暴君污吏;生于民少之日获安者,号为圣君贤相。二十四史之兴亡,以此券矣"。1907年,《东方杂志》的一篇题为《论中国治乱与人口之关系》的社论文章更明确提出:中国历史上的治乱,"不以在上者政治之良否为比例,而以在下者人数之多寡为比例。吾国史家之所谓治者,非真有求治之方也:杀戮重则人民稀,人民稀则求食易,求食易则人各安其所分,而世一治。其所谓乱者,亦非真有致乱之道也:太平久则生齿繁,生齿繁则衣食艰,衣食艰则铤而走险,而世又一乱。治乱之道,互相乘除,泰极则否生,剥极则复至。"

然而,意识到人口的消长与国家的治乱有关,并从而提出一些耸人听闻的见解,毕竟是较为容易的事。真正困难之处,是依据史实进行科学的论证。历史学家罗尔纲曾以《太平天国革命前的人口压迫问题》为题,全面系统地研究了清代中叶的人口状况。美籍学者何炳棣更将他的人口研究扩展自明初到中华人民共和国成立的六百年。正是他们的不懈努力,才真正使人们认识到问题的求解之难。罗尔纲试图以人均耕地指标说明人口压力的存在。已故经济学家王亚南早在1956年就对此批评说:"他好像一点也没有感到,从这样一个比例中,怎么也不能结论出太平天国的运动是一种大革命运动。"一位热心倡导人口增长经济学的美国学者在评论何炳棣关于人口压力是太平天国革命最基本原因的结论时也指出:"对于这样一种马尔萨斯主义的判断,很难加以支持或反驳。"就是说,既难证是,也难证否。问题的主要困难在于:人口的增长,是以数量为表征的人口自然属性的体现,而太平天国之类成功或不成功的王朝革命,却是社会矛盾与斗争激化的集中反映。一般地说,在两者之间是很难建立起联系的。

人口解释历史的出路在于历史地解释人口。这看上去像是一个悖论,却是问题取得突破的方向。马克思主义成功地用历史解释了人口。这一学说认为:人口不仅是单个人的总和,而且还是不同社会共同体的复杂的复合体,是具有许多规定和关系的丰富的总体。人口数量的增减变化,归根到底取决于人口自身的矛盾运动,取决于作为历史创造者、作为社会的人而存在的人与自然界的相互关系。人口的发展,直接与生产力相关,与整个社会的经济基础,也即生产力与生产关系的矛盾运动相关。

人口与历史关系的探索当然还要继续下去。但仅从混沌的关于整体的表象出发显然是远远不够的。社会人口学在当代的发展，也早已超越了马尔萨斯之类的粗糙公式，而深入到社会结构内部。这就为问题的最终解决显示了一种诱人的前景。对中国传统人口结构的深入研究，将有助于进一步弄清中国传统社会发展演变的内在机制，从而为今后人口的发展提供有益的启迪。我们应该为此而继续努力！

3 只有一个地球

人类创造着自己的历史，但他永远是大自然的一部分。他与这个世界一起前进、成长。当他企图征服世界的时候，世界已经惩罚了他；当他以崭新的眼光看待世界时，世界也早已以崭新的姿态在等待着他。

洛夫洛克（J. Lovelock）的盖娅（Gaia，希腊神话中的大地女神，为混沌神 Chaos 之女）学说提出：在地球上结合起来的生命不只是形成了一种生物，而且还很有效地调节着自己，维持了它的大气和水中所含成分的相对稳定，达到了复杂生物（包括人类自己）的平衡（稳态）。现实的生物界是一切可能有的世界上最好的一个。

可是千万要小心，因为威胁它继续繁荣下去的，很可能就是我们自己。

只有一个地球。

参考书目

1. 《清实录》、《东华录》、《皇朝政典类纂》、《清朝文献通考》、《清朝续文献通考》。
2. 王士达著《近代中国人口的估计（初稿）》，《社会科学杂志》抽印合订本，北平社会调查所，1931。
3. 罗尔纲著《太平天国革命前的人口压迫问题》，《中国社会经济史集刊》第8卷第1期，1949。
4. 〔美〕何炳棣著《1368～1953年中国人口研究》，葛剑雄译，上海古籍出版社，1989。
5. 胡焕庸、张善余著《中国人口地理》上册，华东师范大学出版社，1984。
6. 陈达著《现代中国人口》，廖宝昀译，天津人民出版社，1981。
7. 陈彩章著《中国历代人口变迁之研究》，商务印书馆，1946。
8. 姜涛著《中国近代人口史》，浙江人民出版社，1993。

《中国史话》总目录

系列名	序号	书名	作者
物质文明系列（10种）	1	农业科技史话	李根蟠
	2	水利史话	郭松义
	3	蚕桑丝绸史话	刘克祥
	4	棉麻纺织史话	刘克祥
	5	火器史话	王育成
	6	造纸史话	张大伟　曹江红
	7	印刷史话	罗仲辉
	8	矿冶史话	唐际根
	9	医学史话	朱建平　黄　健
	10	计量史话	关增建
物化历史系列（28种）	11	长江史话	卫家雄　华林甫
	12	黄河史话	辛德勇
	13	运河史话	付崇兰
	14	长城史话	叶小燕
	15	城市史话	付崇兰
	16	七大古都史话	李遇春　陈良伟
	17	民居建筑史话	白云翔
	18	宫殿建筑史话	杨鸿勋
	19	故宫史话	姜舜源
	20	园林史话	杨鸿勋
	21	圆明园史话	吴伯娅
	22	石窟寺史话	常　青
	23	古塔史话	刘祚臣

系列名	序号	书名	作者
物化历史系列（28种）	24	寺观史话	陈可畏
	25	陵寝史话	刘庆柱　李毓芳
	26	敦煌史话	杨宝玉
	27	孔庙史话	曲英杰
	28	甲骨文史话	张利军
	29	金文史话	杜　勇　周宝宏
	30	石器史话	李宗山
	31	石刻史话	赵　超
	32	古玉史话	卢兆荫
	33	青铜器史话	曹淑芹　殷玮璋
	34	简牍史话	王子今　赵宠亮
	35	陶瓷史话	谢端琚　马文宽
	36	玻璃器史话	安家瑶
	37	家具史话	李宗山
	38	文房四宝史话	李雪梅　安久亮
制度、名物与史事沿革系列（20种）	39	中国早期国家史话	王　和
	40	中华民族史话	陈琳国　陈　群
	41	官制史话	谢保成
	42	宰相史话	刘晖春
	43	监察史话	王　正
	44	科举史话	李尚英
	45	状元史话	宋元强
	46	学校史话	樊克政
	47	书院史话	樊克政
	48	赋役制度史话	徐东升
	49	军制史话	刘昭祥　王晓卫

系列名	序号	书名	作者
制度、名物与史事沿革系列（20种）	50	兵器史话	杨毅 杨泓
	51	名战史话	黄朴民
	52	屯田史话	张印栋
	53	商业史话	吴慧
	54	货币史话	刘精诚 李祖德
	55	宫廷政治史话	任士英
	56	变法史话	王子今
	57	和亲史话	宋超
	58	海疆开发史话	安京
交通与交流系列（13种）	59	丝绸之路史话	孟凡人
	60	海上丝路史话	杜瑜
	61	漕运史话	江太新 苏金玉
	62	驿道史话	王子今
	63	旅行史话	黄石林
	64	航海史话	王杰 李宝民 王莉
	65	交通工具史话	郑若葵
	66	中西交流史话	张国刚
	67	满汉文化交流史话	定宜庄
	68	汉藏文化交流史话	刘忠
	69	蒙藏文化交流史话	丁守璞 杨恩洪
	70	中日文化交流史话	冯佐哲
	71	中国阿拉伯文化交流史话	宋岘

系列名	序号	书名	作者
思想学术系列（21种）	72	文明起源史话	杜金鹏　焦天龙
	73	汉字史话	郭小武
	74	天文学史话	冯时
	75	地理学史话	杜瑜
	76	儒家史话	孙开泰
	77	法家史话	孙开泰
	78	兵家史话	王晓卫
	79	玄学史话	张齐明
	80	道教史话	王卡
	81	佛教史话	魏道儒
	82	中国基督教史话	王美秀
	83	民间信仰史话	侯杰
	84	训诂学史话	周信炎
	85	帛书史话	陈松长
	86	四书五经史话	黄鸿春
	87	史学史话	谢保成
	88	哲学史话	谷方
	89	方志史话	卫家雄
	90	考古学史话	朱乃诚
	91	物理学史话	王冰
	92	地图史话	朱玲玲
文学艺术系列（8种）	93	书法史话	朱守道
	94	绘画史话	李福顺
	95	诗歌史话	陶文鹏
	96	散文史话	郑永晓
	97	音韵史话	张惠英
	98	戏曲史话	王卫民
	99	小说史话	周中明　吴家荣
	100	杂技史话	崔乐泉

系列名	序号	书名	作者	
社会风俗系列（13种）	101	宗族史话	冯尔康	阎爱民
	102	家庭史话	张国刚	
	103	婚姻史话	张 涛	项永琴
	104	礼俗史话	王贵民	
	105	节俗史话	韩养民	郭兴文
	106	饮食史话	王仁湘	
	107	饮茶史话	王仁湘	杨焕新
	108	饮酒史话	袁立泽	
	109	服饰史话	赵连赏	
	110	体育史话	崔乐泉	
	111	养生史话	罗时铭	
	112	收藏史话	李雪梅	
	113	丧葬史话	张捷夫	
近代政治史系列（28种）	114	鸦片战争史话	朱谐汉	
	115	太平天国史话	张远鹏	
	116	洋务运动史话	丁贤俊	
	117	甲午战争史话	寇 伟	
	118	戊戌维新运动史话	刘悦斌	
	119	义和团史话	卞修跃	
	120	辛亥革命史话	张海鹏	邓红洲
	121	五四运动史话	常丕军	
	122	北洋政府史话	潘 荣	魏又行
	123	国民政府史话	郑则民	
	124	十年内战史话	贾 维	
	125	中华苏维埃史话	杨丽琼	刘 强
	126	西安事变史话	李义彬	
	127	抗日战争史话	荣维木	

系列名	序号	书名	作者	
近代政治史系列（28种）	128	陕甘宁边区政府史话	刘东社	刘全娥
	129	解放战争史话	朱宗震	汪朝光
	130	革命根据地史话	马洪武	王明生
	131	中国人民解放军史话	荣维木	
	132	宪政史话	徐辉琪	付建成
	133	工人运动史话	唐玉良	高爱娣
	134	农民运动史话	方之光	龚　云
	135	青年运动史话	郭贵儒	
	136	妇女运动史话	刘　红	刘光永
	137	土地改革史话	董志凯	陈廷煊
	138	买办史话	潘君祥	顾柏荣
	139	四大家族史话	江绍贞	
	140	汪伪政权史话	闻少华	
	141	伪满洲国史话	齐福霖	
近代经济生活系列（17种）	142	人口史话	姜　涛	
	143	禁烟史话	王宏斌	
	144	海关史话	陈霞飞	蔡渭洲
	145	铁路史话	龚　云	
	146	矿业史话	纪　辛	
	147	航运史话	张后铨	
	148	邮政史话	修晓波	
	149	金融史话	陈争平	
	150	通货膨胀史话	郑起东	
	151	外债史话	陈争平	
	152	商会史话	虞和平	
	153	农业改进史话	章　楷	
	154	民族工业发展史话	徐建生	
	155	灾荒史话	刘仰东	夏明方
	156	流民史话	池子华	
	157	秘密社会史话	刘才赋	
	158	旗人史话	刘小萌	

系列名	序号	书名	作者		
近代中外关系系列（13种）	159	西洋器物传入中国史话	隋元芬		
	160	中外不平等条约史话	李育民		
	161	开埠史话	杜语		
	162	教案史话	夏春涛		
	163	中英关系史话	孙庆		
	164	中法关系史话	葛夫平		
	165	中德关系史话	杜继东		
	166	中日关系史话	王建朗		
	167	中美关系史话	陶文钊		
	168	中俄关系史话	薛衔天		
	169	中苏关系史话	黄纪莲		
	170	华侨史话	陈民	任贵祥	
	171	华工史话	董丛林		
近代精神文化系列（18种）	172	政治思想史话	朱志敏		
	173	伦理道德史话	马勇		
	174	启蒙思潮史话	彭平一		
	175	三民主义史话	贺渊		
	176	社会主义思潮史话	张武	张艳国	喻承久
	177	无政府主义思潮史话	汤庭芬		
	178	教育史话	朱从兵		
	179	大学史话	金以林		
	180	留学史话	刘志强	张学继	
	181	法制史话	李力		
	182	报刊史话	李仲明		
	183	出版史话	刘俐娜		

系列名	序号	书名	作者
近代精神文化系列（18种）	184	科学技术史话	姜　超
	185	翻译史话	王晓丹
	186	美术史话	龚产兴
	187	音乐史话	梁茂春
	188	电影史话	孙立峰
	189	话剧史话	梁淑安
近代区域文化系列（11种）	190	北京史话	果鸿孝
	191	上海史话	马学强　宋钻友
	192	天津史话	罗澍伟
	193	广州史话	张　苹　张　磊
	194	武汉史话	皮明庥　郑自来
	195	重庆史话	隗瀛涛　沈松平
	196	新疆史话	王建民
	197	西藏史话	徐志民
	198	香港史话	刘蜀永
	199	澳门史话	邓开颂　陆晓敏　杨仁飞
	200	台湾史话	程朝云

《中国史话》主要编辑出版发行人

总 策 划	谢寿光	王　正	
执行策划	杨　群	徐思彦	宋月华
	梁艳玲	刘晖春	张国春
统　　筹	黄　丹	宋淑洁	
设计总监	孙元明		
市场推广	蔡继辉	刘德顺	李丽丽
责任印制	岳　阳		